उत्सवा रूपा
आद्याशक्ति माँ
की
अहैतुकी-कृपा को

उत्सवा

श्री नरेश मेहता

प्रथम पेपरबैक संस्करण : 2024

लोकभारती पेपरबैक्स : उत्कृष्ट साहित्य के लोकप्रिय संस्करण

लोकभारती प्रकाशन
पहली मंजिल, दरबारी बिल्डिंग, महात्मा गाँधी मार्ग,
प्रयागराज-211 001

वेबसाइट : www.lokbhartiprakashan.com
ईमेल : info@lokbhartiprakashan.com

शाखाएँ : 1-बी, नेताजी सुभाष मार्ग, दरियागंज, नई दिल्ली-110 002
अशोक राजपथ, साइंस कॉलेज के सामने, पटना-800 006 (बिहार)
1, अनमोल सोराबजी संतुक लेन, मरीन लाइंस, मुम्बई-400002

आस्था पेपर कन्वर्टर
प्रयागराज द्वारा मुद्रित

मूल्य : ₹ 150

UTSAVA
by Shri Naresh Mehata

ISBN : 978-81-19996-99-5

अथातो काव्य जिज्ञासा

यदि यह कहा जाए कि ये कविताएँ अभिव्यक्त होने के पूर्व भी थीं तो इसका तात्पर्य यही है कि कविता, सर्वत्र तथा सार्वकालिक भाव से नित्य उपस्थित है। अपनी अभिव्यक्ति के लिए इन कविताओं ने मुझे माध्यम चुना, तो इसका तात्पर्य भी यही है कि कविता का कोई कर्ता नहीं होता; और यदि कोई है, तो वह स्वयं अपनी आत्मकर्ता है, स्वयंसृष्टा है। जिसे कवि कहा जाता है वह तो मात्र प्रस्तोता होता है, वह इसलिए कि कवि नहीं बल्कि उसका मनीषी-व्यक्तित्व या चैत्यपुरुष उस काव्य-साक्षात का अनुभवकर्ता या दृष्टा था। उस अनभिव्यक्त को उस कवि ने मात्र अभिव्यक्त करने की चेष्टा की। मैं भी प्रस्तोता के अर्थ में ही इन कविताओं का कवि हूँ, कर्ता के अर्थ में नहीं; मेरा यह कथन शायद रचनात्मकता की प्रक्रिया या वस्तुस्थिति की वास्तविकता के अधिक निकट हो। वैसे यह कि—यह आरोपित मुद्रा है, अथवा यह कि कवि और कविता की रचनात्मक पारस्परिकता को अधिक रहस्यात्मक ही बनाया गया है—ऐसा लगना तो नहीं चाहिए, क्योंकि जिस प्रकार कुछ स्थितियों और जिज्ञासाओं के विषय में 'नेति' के द्वारा ही 'अस्ति' का इंगित सम्भव है अथवा अस्वीकृति के द्वारा ही स्वीकृति की प्रतीति करायी जा सकती है, उसी प्रकार कवि और कविता की रचनात्मक पारस्परिकता या सृजन-प्रक्रिया के सन्दर्भ में भी अविश्वसनीय ही विश्वनीय हो सकता है। सन्तों की 'सन्ध्या-भाषा' के तात्पर्य और प्रकार की प्रकृति भी बहुत कुछ ऐसी ही है।

अनभिव्यक्त कविता भी परम-सत्य या परात्पर-सत्ता की भाँति ही एक अविभक्त-चेतना है, बल्कि चेतना-प्रवाह, जो सतत विद्यमान है। अनभिव्यक्त एक, अभिव्यक्त हो जाने पर अनेक हो जाता है, क्योंकि अभिव्यक्तकर्त्ता अनेक होते हैं। अभिव्यक्ति एक को अनेक बनाती है। कविता भी वस्तुत: एक ही है, उसका रचनात्मक स्वरूप अनेक का हो जाता है। रचना, अनभिव्यक्त कविता का सम्प्रेषित स्वरूप है। ऐसा भी कहा जा सकता है कि रचना, अनभिव्यक्त कविता की प्रतीक है। मूर्ति प्रभु नहीं, प्रभु की प्रतीक होती है। एक प्रकार से रचना, काव्य के महत्-प्रासाद का मात्र प्रवेश-द्वार है। रचना, कविता की प्रतीति है, कविता

नहीं। कविता का प्राप्य-रूप रचना ही हो सकता है। सर्वत्र, सार्वकालिक होने पर भी वह अप्राप्य है। समुद्र ही मेघ-वर्षण का कारण होने पर भी हम समुद्र से सीधे जल नहीं ग्रहण कर सकते। रचना की गुणात्मकता, कविता की न होकर कवि की होती है। कविता जिस भाव, मुद्रा और स्वरूप में अभिव्यक्त होकर रचना कहलाती है, उससे मात्र इतना ही स्पष्ट होता है कि एक कवि विशेष ने कविता का साक्षात किस आनुभाविक स्तर पर किया था। वैसे तो यह सत्य नहीं है, क्योंकि इससे कहीं यह निष्कर्ष नहीं निकलता है कि अभिव्यक्त रचना ही वह अनभिव्यक्त कविता है जिसका साक्षात कवि ने नहीं, बल्कि कवि के मनीषी-व्यक्तित्व या चैत्य-पुरुष ने किया था। उस भावातीत स्थिति एवं मुहूर्त में न कोई भाषा थी और न कोई अभिव्यक्ति। एक सनातन चेतना का प्रवाह मुहूर्त भर के लिए उपस्थित होकर दृष्टा को देश-कालातीत कर गया। भला ऐसे तीव्र संवेग वाले भावातीत साक्षात के समय, रचना की कामना क्या सम्भव है? भाषा कहे, इसके पूर्व ही पटाक्षेप। वहाँ जब उच्चारण ही नहीं है तब अभिव्यक्ति कहाँ? रचना, इच्छा है जबकि कविता, इच्छा मात्र के अभाव से ही आरम्भ होती है। अत: ऐसी भाषाहीन अनिर्वचनीयता को क्या भाषा के द्वारा अभिव्यक्त किया जा सकता है? 'प्रकाश' शब्द स्वयं प्रकाश नहीं है। एक तो, वह उस तत्त्व की प्रतीत कराना चाहता है जो वह स्वयं नहीं है; दूसरे, ऐसी प्रतीति के लिए सम्बोधित व्यक्ति का उस तत्त्व से पूर्व परिचित होना आवश्यक है, तभी शब्द बोध करा सकता है। बोध, शब्द में नहीं आपमें होता है। शब्द तो केवल उस बोध को जगाता है; जो कहीं अन्यत्र है। भाषा न यात्रा है न यात्री, वह तो केवल मार्ग है। गन्तव्य पर पहुँचने का तात्पर्य ही है मार्ग का नि:शेष होना। रचना में निहित कविता की प्राप्ति, रचना में प्रयुक्त भाषा को उत्तरोत्तर छोड़ते जाना है। भावातीतता के समय जिस प्रकार कवि और भाषा वहाँ उपस्थित नहीं थे, वे उस साक्षात्कर्ता मनीषी-व्यक्तित्व, चैत्य-पुरुष में लीन थे उसी प्रकार काव्यानन्द के लिए भी यही प्रक्रिया है। मनीषी-दृष्टा के पास केवल भावातीतता थी, भाषा नहीं, जबकि कवि के पास भाषा है पर दृष्टा की वह आनुभाविकता नहीं, केवल भावातीतता का मात्र आभास है। स्पष्ट है कि दृष्टा की उस आनुभाविकता और कवि की इस रचनात्मकता में कुछ तो गुणात्मक पार्थक्य है ही। तो, इन दो अपरिमेय पार्थक्यों के बीच क्या कोई सेतु है? शायद है, जिसे काव्य-साधना कहा गया है! ऐसी काव्य-साधना, भाषा तथा व्यक्तित्व दोनों स्तरों पर करनी होती है। अपने चैत्य-पुरुष या मनीषी-व्यक्तित्व वाले दृष्टा की भावातीत विराटता में अपने कवि की सीमाओं, भाषागत एवं व्यक्तित्वगत का उत्तरोत्तर विस्तार करते जाना ही साधना है। सरल का ही विस्तार होता है, निगूढ़ का नहीं। एकात्मता की इस प्रक्रिया में कवि को ही उत्तरोत्तर ऊर्ध्वगामी होना होता है। साक्षात, स्वयं नीचे नहीं आता, हाँ वह उच्च होने में सहायता कर सकता है। लेकिन इस साधना में व्यक्तित्व के स्तर पर यदि कोई सन्धि रह जाती है तो रचना में वह सन्धि या जोड़ या दरार नहीं दिखेगी, यह सम्भव नहीं। एकात्मता का तात्पर्य ही है सन्धिहीनता।

उपनिषदीय अद्वैतता और वैष्णवी समर्पण, तत्वतः एक ही है। समरस व्यक्तित्व में से ही समरस रचना सम्भव है।

वैसे तो यह एक संयोग ही है कि मैं इन कविताओं का कवि हूँ, परन्तु कोई भी संयोग निष्प्रयोजित या अनायास नहीं हुआ करता। सृष्टि के नियमन और व्यवहार में कहीं भी और कभी भी योगायोग या हठात या संयोग की भाषा अथवा क्रिया नहीं है। सर्वत्र एक सुविचारित प्रयोजन-दृष्टि है। चीड़ की परम ऊर्ध्वता के ठीक पदतल में अनाम घास का जो वृत्त होगा वह संयोगवशात नहीं होगा। एक निश्चित प्रयोजन है—सन्तुलन का, समरसता का। विपुल की अत्यल्प से, विराट की लघुता से, प्रकाश की अंधकार से, कठोर की कोमलता से पग-पग पर चूल बैठायी गयी है। चट्टानों और पहाड़ों की पुंजीभूत राशीय जड़ता को तराशने के लिए किसी लौह-परुषता को न चुनकर जल की अनाविल मसृणता का व्यवहार क्या संयोग है? मरुथलों में बालुओं की अपार राशि को निरन्तर समतल बनाये रखने का उत्कट-कार्य किसी अन्य को न सौंपकर पारदर्शी हवाओं को क्या संयोग से दिया गया है? सृष्टि में, मानवीय-सभ्यता की औपचारिकता या आडम्बर या मिथ्या-भाषा का व्यवहार कहीं नहीं मिलेगा और न कोई असन्तोष। प्रकृति में, सृष्टि में सामरस्य है, प्रतिद्वन्द्विता नहीं। सृष्टि एक निश्चित अवधारणा है, फेंटेसी नहीं कि प्रकाश की इच्छा हुई और प्रकाश उत्पन्न हो गया. क्रिया-प्रतिक्रिया, कार्य-कारण का विवेक और फल दोनों मिलेंगे। वृक्ष से फल तक संयोगवशात नहीं टपकता। गुरुत्वाकर्षण की प्रयोजन-दृष्टि यदि न हो तो शायद शताब्दियों तक एक भी फल नहीं टपकेगा। चूँकि मानवीय-बोध, व्यवहार और उपस्थिति की सीमा है इसलिए देशगत असीमता और कालगत अज्ञातता के बीच पहुँचकर हम संयोग की भाषा बोलने लगते हैं वस्तुतः एक अकल्पनीय लम्बी प्रक्रिया, कई बार जन्म-जन्मान्तर तक की, में से गुजरने के बाद ही हम केवल मुहूर्त भर के लिए उस आनुभाविक-बिन्दु पर पहुँच पाते हैं जहाँ कि कविता का वह साक्षात, वह शक्तिपात, वह अहैतुकीकृपा होती है, जो हमें देश-कालातीत बनाती है। भावातीतता के उस क्षण में, अनुभूति के उस संस्पर्श में तथा चेतना-प्रवाह के उस मुहूर्तजीवी सान्निध्य में एक ऐसी शीर्षता, एक ऐसा शिखरत्व बोध होता है जहाँ केवल मनीषी-व्यक्तित्व, चैत्य-पुरुष, दृष्टा या अनुभवकर्ता ही उपस्थित हुआ रहता है। यह वह सन्ध्याभाव है जिसे बारम्बार पकड़ने के लिए दैनिक-पूजा को 'सन्ध्या' नाम दिया गया।

कविता की कोई संज्ञा नहीं है, क्योंकि वह तो शुद्ध शक्ति है। उसका अनुभव या साक्षात भी निपात जैसा ही होता है। निपात का साक्षात भी मात्र व्यक्ति नहीं, मनीषी ही कर सकता है। जब स्थूल ऊर्ध्वता के लिए अतिरिक्त बाह्य उपकरणों की आवश्यकता होती है तब उस मनीषागत ऊर्ध्वता के लिए बाह्य नहीं आन्तरिक उपकरण क्या नहीं चाहिए? तो, ऐसी कविता अपनी अभिव्यक्ति के लिए उस कवि-विशेष की संज्ञा, भाषा, मुद्रा आदि धारण कर लेती है

और रचना बन जाती है। समुद्र और गंगा, जल की नहीं बल्कि जल की रचनात्मकता की संज्ञाएँ हैं। जल तो तब भी जल ही रहता है। संज्ञाएँ, मूलतत्त्व की महत्ता को केवल अंगीभाव से ही व्यक्त करती हैं, इसलिए कि वे विभक्तरूपा हैं, अविभक्त तो केवल परम-तत्त्व ही है। अनेक, एक की झलक दे सकते हैं। वे स्वयं अपने में समग्रता नहीं बन सकते। अंग या अंश, वह कोई हो, सृष्टि की प्रयोजन-दृष्टि का उल्लंघन नहीं कर सकते। परशुराम और राम दोनों ही अवतार हैं, परन्तु अपने-अपने अंश से जुड़े प्रयोजन का वे भी उल्लंघन नहीं कर सकते थे। प्रयोजन के उल्लंघन का अधिकार केवल उसे है जो 'अस्ति' नहीं है, जो न क्रिया है न प्रतिक्रिया। ईश्वरत्व भी एषणा है। वह उसका भी उल्लंघन है। इसी तर्क से क्या यह नहीं कहा जा सकता कि रचना का उल्लंघन ही कविता है? पर कविता स्वयं अपना ही उल्लंघन नहीं होगी इसका क्या प्रमाण है? परन्तु प्रवाह की प्रक्रिया में उल्लंघन ही वरण है, और वरण ही उल्लंघन की ओर अग्रसर होता है। इसीलिए काव्य के सनातन सातत्य के सम्पर्क में कवि आते हैं और प्रयोजन की पूर्ति करते हैं। अस्तु,

क्या इन कविताओं का कोई अन्य भी कवि हो सकता था? या क्या मैं किसी अन्य की कविताओं का कवि हो सकता था? शायद नहीं। एक साक्षात-विशेष के लिए एक व्यक्ति-विशेष ही हुआ करता है। सीमा, सर्वत्र व्यापी नहीं हो सकती। आप केवल प्रतिनिधित्व कर सकते हैं, पर न तो स्वयं 'वह' हो सकते हैं और न अन्य ही। वृक्ष, जल को ग्रहण करने के बांद उसे केवल वृक्ष रूप में ही अभिव्यक्त कर सकता है। फूल, जल के साक्षात को फूलत्व में ही प्रदर्शित कर सकता है। इसी प्रकार जल, पक्षी बनकर सन्तरित है; तो गाय बनकर दूध के रूप में उपलब्ध है, तो मनुष्य बनकर विचार कर रहा है, कविता लिख रहा है। सारे कर्म और सारे स्वरूप उस साक्षात की अनभिव्यक्ति को निरन्तर तथा उत्तरोत्तर अभिव्यक्त करने की चेष्टा में रत हैं। प्रायः ये अभिव्यक्तियाँ इतनी विरोधी होती हैं कि प्रत्येक अभिव्यक्ति, उस अनभिव्यक्त को और अधिक अनभिव्यक्त बनाती जाती हैं। प्रत्येक रचना के बाद कविता और अधिक अप्राप्य हो उठती है। रचना, सृष्टि है और सृष्टि का अर्थ ही है विस्तृति, समाप्ति नहीं—कोई अपनी अभिव्यक्ति को बदल भी नहीं सकता और शायद इसकी आवश्यकता भी नहीं है। पहाड़ की अभिव्यक्ति यदि स्थिरता में है, तो नदी की अभिव्यक्ति सतत प्रवाह में है। भेद-दृष्टि अंगीभाव के कारण होती है; वह समग्र, न स्थिर है न प्रवाहित है। सिवाय सन्ध्या-भाषा के इस स्थिति को कोई कैसे व्यक्त कर सकता है? पर इस सन्ध्या-भाषा को अर्थ से नहीं समझा जा सकता, शायद एक सीमा तक सम्बोधित भले ही किया जा सके। चूँकि कविता, एक सतत-प्रवाह के रूप में सर्वत्र विद्यमान है इसलिए भिन्न कवि का उस कविता से भिन्न साक्षात ही सम्भव है। वह 'अभिन्न' भी चाहता यह है कि उसे विभिन्न ही अनुभव किया जाए, क्योंकि अभिन्न का सम्पूर्ण साक्षात, निपात कोई नहीं सहन कर

सकता। अवतार भी अंश के ही प्रतिनिधि हैं। सर्वांश उपस्थित ही नहीं हो सकता और 'वह' कहाँ उपस्थित हो? अतः एक ही क्षण में विभिन्न कवियों को कविता, विभिन्न रूपों में साक्षात्कृत होगी। दिशाओं की संज्ञाएँ अर्थहीन होने पर भी गति के लिए उतनी ही आवश्यक भी हैं।

अहं, स्वत्व का ही एक पर्याय है; और स्वत्व, रचनामात्र के लिए आवश्यक होता है। रचना का स्वत्व वस्तुतः रचयिता का ही स्वत्व होता है, अतः सृजन के लिए अहं एक अनिवार्यता है। रचे जाने पर जिस प्रकार रचना विस्तार चाहती है, उसी प्रकार कवि-व्यक्तित्व का भी विस्तार, यदि होता नहीं है, तो होना चाहिए। कवि-व्यक्तित्व के विस्तार से तात्पर्य उसके अहं के विस्तार से ही हुआ। सामान्यतः तो अहं, व्यक्तित्व को विस्तृत नहीं होने देता। व्यक्तित्व के मानवीकरण की अपेक्षा वह उसे आत्मकेन्द्रित होने को प्रेरित करता है। पर इसे अहं न कहकर अहंकार कहना अधिक समीचीन होगा। यद्यपि अहं, अहंकार नहीं है, क्योंकि एक स्वत्त्व है तो दूसरा केवल मुद्रा। एक व्यक्तित्व की प्रतिश्रुति है तो दूसरा प्रदर्शन है। एक असंगता है तो दूसरा आक्रान्ता। फिर भी दोनों में गोत्रिक समानता है। अतः जब कवि-व्यक्तित्व का अहं, दृष्टा की भावातीतता से जुड़ता है तब अहं का विलयन, विसर्जन या उदात्तीकरण होने लगता है। 'एकोऽहं बहुस्याम' या 'सोऽहं'—ये प्रपत्तियाँ, अहं के महिमामण्डित उदात्त स्वरूप हैं। एक से अन-एक होने की यह प्रक्रिया है। इसे विलयन न कहकर विशाल होना कहा जाएगा। 'अन-एक' (अनेक) में नष्ट हो जाने की ध्वनि नहीं है। आप ही हैं—अनेक रूप में। अन-एक, आप नहीं हैं, यह नहीं व्यंजित करता, आप विस्तार पा गये हैं। पर इस विस्तार में अहं, विनम्र बनकर उपस्थित है। बल्कि अन्य की अस्वीकृति 'एक' है पर आपके 'एक' का विस्तार अन-एक है। दृष्टा की भावातीतता के सम्पर्क से जो अकल्पनीय महनीयता आपके कवि-व्यक्तित्व को प्राप्त हुई उसके प्रति विनम्र ही हुआ जा सकता है। अपने अहं को सर्वमान्य मानना अहंकार है, परन्तु दूसरे के अहं की रक्षा करना विनम्रता है। अपने अहं के प्रति कोई प्रतीति न होना अनासक्ति है, परन्तु दूसरे का अहं अनुभव ही न करना परात्परता है। जिस कवि में जिस कोटि की मानसिकता होगी, रचना की उदात्तता एवं सम्बोधन का परिवृत्त भी वैसा ही विशाल होगा। दोनों एक-दूसरे के कार्य-कारण बन जाएँगे। रचना की उदात्तता से तात्पर्य है कि वह केवल अपने स्रष्टा, रचयिता की गरिमा, महत्ता का ही बोध न करवाए, बल्कि पाठक की गरिमा तथा स्वत्व को भी सम्बोधित, जाग्रत तथा उदात्त करे। यह नहीं हो सकता कि रचना अपने रचयिता के प्रति तो प्रतिश्रुत हो और पाठक की अवहेलना करे। सृजन

के समय रचना और रचयिता में जो सृजनात्मक समरसता थी वैसी ही एकात्मता, उसके पाठ के समय रचना और पाठक में भी अनिवार्य है। कवि के रचने की तुष्टि और पाठक के द्वारा ग्रहण करने के आनन्द का स्तर, समान होना चाहिए। रचने की तंन्मयता और ग्रहण करने की तल्लीनता यदि तद्वत नहीं, तो दोनों बहुत भिन्न भी नहीं हो सकतीं। मनीषी और कवि तथा कवि और पाठक—रचना के ये दो ऐसे बिन्दु हैं जिनमें सम्पूर्ण मिथुनत्व स्थापित होना चाहिए तभी कविता के साक्षात, कविता के सृजन और कविता के ग्रहण एक रेखा में आएँगे। उस अवस्था में भाषा और कवि कहीं न रहकर पाठक को कविता का वांछित साक्षात अनुभव होगा। पर किसी भी स्तर पर पार्थक्य है तो भाषा, कवि और रचना पाठक से तादात्म्य नहीं स्थापित कर सकते।

कवि का अहं प्राय: रचना की तेजस्विता के मार्ग में आ जाता है। जिस जलाशय का जल जितना अधिक स्फटिक होगा, सूर्य की तेजस्विता उतनी ही अधिक स्पष्ट तथा विश्वसनीय सम्प्रेषणीयता होगी। रचना में कवि या रचयिता अपनी उपस्थिति (रचना में कवि-अहं इसी रूप में होता है) सर्वथा विलुप्त नहीं कर सकता है, परन्तु उसकी प्रतीति को कम अवश्य कर सकता है। ऐसी स्थिति में उक्त रचना में कविता की तेजस्विता को अधिक स्पष्ट देखा जा सकता है, अन्यथा बारम्बार कवि-अहं का प्रतिबिम्ब, कविता की उपस्थिति को संदिग्ध करता रहेगा। अध्यात्म का असंग, काव्य के क्षेत्र में अनाग्रह रूप में ही सम्भव है। भक्त का 'मैं नहीं हूँ, प्रभु हैं', काव्य के क्षेत्र में 'मैं नहीं हूँ, कविता है' ही कवि के आग्रह का उदात्तीकरण होगा। ऐसे भाक्तिक जैसे काव्यात्मक-समर्पण की स्थिति में ही कविता उपस्थित हो सकती है। रचना में कवि और कविता दोनों समान वर्चस्व में नहीं हो सकते हैं। एक की उपस्थिति के लिए दूसरे को अनुपस्थित होना पड़ेगा—अपेक्षाकृत। भक्त कवियों ने काव्य के आनन्दोत्सव के समय उपस्थित रहने के लिए एक भिन्न मार्ग का अनुसरण किया, कि वे रचयिता ही नहीं हैं। प्रभु को पूर्ण-समर्पित, व्यक्ति-विसर्जित अनाग्रही सेवक हैं। यदि वे नहीं होंगे तो प्रभु की सेवा कौन करेगा? इस प्रकार की सीमा तक अव्यक्ति बन जाने का संकल्प आज के कवि को शायद स्वीकार न हो, पर यह भी एक मार्ग है—बहुत कुछ निरापद।

व्यक्ति-विस्तार के बहुस्याम हो जाने की निष्पत्ति औपनिषदिकता है, तो व्यक्ति-समर्पण की निष्णात प्रतिश्रुति वैष्णवता है। एक में परम विराट हो जाने की चिति है, तो दूसरे में एकान्त के सान्निध्य की तुष्टि। एक में ब्रह्माण्ड है, तो दूसरे में वृन्दावन। एक में ताण्डव है, तो दूसरे में लास्य। एक में यज्ञ-भाव है, तो दूसरे में लीला-भाव; परन्तु यह भेद केवल देखने का है, होने का नहीं। 'अहं ब्रह्मास्मि' का उद्घोष तथा 'प्रभु! तुम चन्दन हम पानी' की एकात्मक आकुलता तत्त्वत: एक ही हैं। उपनिषद्, काल को माध्यम चुनते हैं तो वैष्णवता, देश को। अहं, अहं का विलयन, 'स्व' का विस्तार—औपनिषदिक-प्रक्रिया है जो साक्षात

या निपात (तंत्र-दृष्टि से) में तिरोहित होती है; जबकि वैष्णव भक्ति-दृष्टि अहैतुकी-कृपा, प्रभु की अनुकम्पा, नित्य का सान्निध्य, सेवा की निकटता की कामना में विलीन होती है। प्रयोजन और परिणति की दृष्टि से दोनों एक ही हैं। उपनिषद यदि पुरुषार्थ-भाव हैं तो वैष्णता, 'कृष्णार्पण'। उपनिषद में यदि अर्जन का वर्चस्व है, तो वैष्णवता में अनुकम्पा की प्रशान्तता। एक में यदि जाया गया है, तो दूसरे में जाना कहाँ है? एक में सर्वात्म का संग्रह है, तो दूसरे में अनात्म के द्वारा सब कुछ का परित्याग। कवि और कविता की सारी मानसिकता, सृजनात्मकता को समझने में यह आध्यात्मिक भाषा, दृष्टि और सम्बन्ध सहायक हो सकते हैं।

सृष्टि का ही प्रयोजन नहीं है, काव्य का भी है। कविता जब प्रति-कविता को जन्म देती है तो वह उसका प्रयोजन होता है। इसी प्रकार कविता का अर्थ भी कविता से पृथक नहीं होता। कविता स्वयं अपना अर्थ उसी प्रकार है जिस प्रकार फूल, अपना ही अर्थ भी होता है। जब फूल, हममें प्रति-फूल उत्पन्न कर देता है तब न केवल उसकी प्रयोजन-पूर्ति हो जाती है बल्कि वह अर्थवान भी हो जाता है। फूल और प्रति-फूल के अर्थ में कोई अन्तर नहीं होता। प्रयोजन की पूर्ति के बाद फूल की उपस्थिति अनावश्यक हो जाती है। कविता और प्रति-कविता में थोड़ा-सा अन्तर यह होता है कि कविता, प्रति-कविता को अपनी कविता तो दे पाती है, पर भाषा नहीं दे पाती है। प्रति-कविता के जन्म ले लेने पर कविता की भाषा का बोझ वह प्रति-कविता नहीं वहन करती। प्रति-कविता की कविता तो कवि की होती है पर भाषा, ग्रहणकर्ता की अपनी ही होती है। यह भी कहा जा सकता है कि कविता की भाषा विलुप्त हो जाने पर ही प्रति-कविता उत्पन्न होती है। कविता, कवि का व्यक्तित्व है, वह उसके संस्कारों की वाहिका है। कविता के स्वरूप, प्रभाव पर कवि के संस्कार और उसकी भाषा बहुत अधिक प्रभाव डालते हैं। पाठक में उत्पन्न प्रति-कविता, कवि की अपनी कविता का प्रयोजन-परिणाम है। यदि कवि का कोई विशेष प्रयोजन है तभी विशेष प्रति-कविता भी जन्म लेगी। सामान्यत: सभी युगों में अधिकांश कविता ही जब मात्र अनुकरण होती है तब प्रति-कविता की दुरवस्था स्पष्ट है। परन्तु अनुकरण-काव्य के कारण हमेशा मौलिक कवियों और कविता को उलझन हुई है। धर्म और राजनीति में ही नहीं, साहित्य और कविता में भी इस अनुकरण-प्रवृत्ति के कारण हमेशा सम्प्रदाय बनते आये हैं। इस प्रकार की एकनिष्ठता जहाँ एक ओर निष्ठा उत्पन्न करती है, वहीं वह भिन्न के प्रति असहिष्णु, अनुदार और कट्टर भी बनाती है। शायद सभी क्षेत्रों में, सभी युगों में साम्प्रदायिकता का ऐसा ही स्वरूप होना उसकी नियति है। अपना सृजन करना एक बात है, परन्तु पर के सृजन का विरोध करना दूसरी बात है। दूसरे का विरोध व्यक्ति करता ही तब है जब या तो उसका अपना लिखना शेष हो गया हो अथवा दूसरा यदि समकालीन-रचनात्मकता से सर्वथा भिन्न भूमि, दृष्टि पर सृजन कर रहा है

तो उसके कारण जो आधारभूत चुनौती उसके सृजनात्मक व्यक्तित्व को मिल रही है, उससे उसे आधारभूत खतरा लगता है। चूँकि अनुगामी की कोई अस्मिता नहीं होती, अनुकरण ही उसका इष्ट होता है इसलिए वह अस्मिता मात्र के विरुद्ध हो जाता है। आज हम सृजनात्मकता के एक ऐसे मोड़ और बिन्दु पर आ खड़े हुए हैं जब हमारे न चाहने पर भी परिवर्तन होगा। अच्छा हो कि ऐसा हमारी संकल्प-शक्ति से सम्पन्न हो। १९वीं शती सम्बोधन की शती थी जिसकी परिणति २०वीं शती के आन्दोलनों और मोह-भंग में हुई। मध्य-युग में माना कि हमारी अस्मिता सोयी हुई थी, परन्तु १९वीं और २०वीं शती की सारी शुभेच्छाओं के बाद भी आज आधारभूत रूप से सृजन के स्तर पर भी हमने अपनी अस्मिता का विसर्जन कर दिया है। इस भूमिका में मात्र संकेत भर ही किया जा सकता है, उसका ऐतिहासिक या सम्यक विश्लेषण नहीं। अस्तु—

वास्तविकता तो यह थी कि आरम्भ में मैं पृथक से अपनी कोई भूमिका लिखने ही वाला नहीं था और यह शायद अच्छा ही होता, पर भवितव्य, अस्तु। इस संग्रह की जो भूमिका है वह, आधुनिक तेलगू के शीर्षस्थ कवि तथा मेरे अभिन्न मित्र श्री शेषेन्द्र शर्मा ने लिखी, जिनके द्रष्टा और कवि के प्रति मेरे मन में आदरभाव है। इसमें अतिरिक्त कुछ भी नहीं है, सब सहज रूप में ही परिणत हुआ है। शेषेन्द्रजी के प्रति अपना आभार किस सम्बन्ध से प्रकट करूँ यह तो ज्ञात है, पर किस भाषा में करूँ यह नहीं जानता; सम्प्रति इतना ही। इसी प्रकार भाई श्री धर्मवीर 'भारती' के स्नेह और भाव को भी व्याख्यायित करना सम्बन्ध को गरिमाहीन करना होगा। इन कविताओं के अन्यत्र एवं निरन्तर प्रकाशन के सम्बन्ध में स्नेही श्री मनोहर श्याम जोशी का अवदान एवं श्री राजेन्द्र अवस्थी का सहयोग कदापि कम नहीं है। हाँ, भोपाल में 'मध्य-प्रदेश कला-परिषद्' के तत्त्वावधान में श्री अशोक वाजपेयी ने इन कविताओं के पाठ का जो अनुष्ठान किया था उसे केवल स्तबक की संज्ञा ही दे सकता हूँ। आकाशवाणी इलाहाबाद के श्री नर्मदेश्वर उपाध्याय भी इनके लिखे जाने में निमित्त हैं क्योंकि बराबर उन्होंने काव्य-प्रसारण की बाध्यता मेरे सामने उत्पन्न की। पर, एक खेद अवश्य है कि स्वर्गीय श्री सुमित्रानन्दजी पन्त इन कविताओं को संकलन रूप में देख जाने को बहुत उत्सुक थे और उनके व्यक्ति-पुरुष के सामने यह सम्भव न हो सका, परन्तु आत्मपुरुष तो विद्यमान है ही। 'लोकभारती' के श्री रमेशचन्द्र ग्रोवर और दिनेशचन्द्र ग्रोवर इन कविताओं के केवल प्रकाशक होते तो शायद मैं उनका यहाँ उल्लेख भी नहीं करता, परन्तु उनकी आत्मीयता को भाषा न देना ही श्रेयस्कर होगा। और अन्त में मैं उन सब सुदूर-पास के,

हिन्दी-अहिन्दी के ज्ञात-अज्ञात पाठकों-श्रोताओं का आभारी हूँ जिन्होंने अविश्वसनीय प्रशंसा-पत्र लिखे, शुभाशंसाएँ एवं आशीर्वाद दिया और इसी के फलस्वरूप मुझे यह प्रतीति हुई कि कोई कवि, केवल अपना ही पुरुषार्थ नहीं होता, बल्कि समस्त देश और काल का प्रतिफल होता है।

इति नमस्कारान्ते—

फाल्गुन, कृष्णा चतुर्थी, १९७९

९९-ए, लूकरगंज, इलाहाबाद

—श्रीनरेश मेहता

आर्ष-व्यक्तित्व की कविता : "उत्सवा"

एक विशिष्ट भारतीय-कवि के रूप में श्रीनरेश मेहता अपने देश को महाकाव्य की उच्चतावाली काव्य-सृष्टि दे रहे हैं। 'उत्सवा' को पढ़ते समय अपने को उस फूल से आत्मसात कर लेना होगा, जो शब्दों के यायावर-भिक्षुक के मधुगान पर अपनी रस-माधुरी दे देने को उत्सुक है। यह अद्वितीय संकलन शब्दों के जिस मायालोक तथा सुगन्ध, ध्वनियों, अनुभूतियों और रंगों की जो माधवी उद्दामसृष्टि पाठक में करता है—उसके प्रति अपने 'स्व' को सौंप देने की कला भी उसे आनी चाहिए। 'पशुप्रिया दूर्वा' (पृ० ४२) 'वाचाली हवाएँ' (पृ० २८) 'कोमल गांधार धूप' (पृ० २७) जैसी अभिव्यक्तियों में ही उस स्वत: अनाहूत लेखन की वह शक्ति निहित है जिसके द्वारा सृष्टि की परायथार्थवादी सत्ता को अभिव्यक्त करना लक्ष्य है। इसका यह भी उद्देश्य है कि सृष्टि की संरचना का सीधे-सीधे साक्षात किया जाए ताकि शब्द और अर्थ के बीच, हेतुवादी मानवीय तर्क की अवांछित उपस्थिति को अस्वीकारा जा सके।

नरेशजी के काव्य का वैशिष्ट्य इस तथ्य में निहित है कि वह पाठक को समर्पण की इस कला में दीक्षित करता है, और इसके लिए जिस रचनात्मक अद्‌भुत शक्ति का प्रयोग किया जाता है उसका स्रोत भी स्वयं कवि में ही है। यह निम्न पंक्तियों से स्पष्ट है:

मैं अपनी आयु की वानस्पतिक गन्ध
फूल को सौंप देना चाहता हूँ
ताकि वह
मेरे पुण्यों की मयूरपंखी उत्सवता बन
सूर्य के धूप-मुकुट की
जयकार बने। [पृ० ४४]

निश्चय ही कवि अनुभवों की दीर्घ यन्त्रणाओं से गुजरा है, फलस्वरूप वह वैश्विक चेतना का अक्षय-आगार बन गया है। ऐसी चेतना, व्यक्ति को एक मनीषा, एक दृष्टि प्रदान करती है, जो कि उसे वैश्विक-रचनात्मकता के महान चैत्य-मन्दिर का शीर्ष-पुरोहित बनाती है। वैश्विक-रचनात्मकता की इस भाव भूमि में पक्षियों के वाद्यों में राग और लय तल्लीन हैं, जहाँ प्रशान्त क्षितिजों में रंग-वर्ण अस्तंगत हैं, जहाँ आकाश-मण्डप में इन्द्रधनुष खंडित हुए रहेते हैं तथा जंहाँ महान आकाशगंगा, करधनी बनकर कालरात्रि की कटि पर आलिंगत रहती है।

अनुभवों का जो क्रॉस कवि वहन करता है वह उसे, उसके देह-भाव से मुक्त कर देता है और उसे वैश्विक विराट-चेतना से अभिषिक्त कर देता है, उसे पुराकालीन आदिम-शैशवता की भावातीत-स्थिति प्रदान कर देता है। यह भावातीत-स्थिति न केवल उसके अपने निजी अनुभव से पूर्व की है, बल्कि सम्पूर्ण मानव-जाति के भी अनुभवों से पूर्व की होती है। सौन्दर्य की शक्ति और सत्ता का अर्थ ही है व्यक्ति को दैवीय-शिशुत्व प्रदान करना। इस दैवीय-शिशुत्व के माध्यम से ही यह सृष्टि अपने को अभिव्यक्त करती है। उसकी इन्द्रियाँ समस्त चराचर की इन्द्रियाँ हो जाती हैं। वह दैवीय-शिशु जिस भावातीत पूर्ण तल्लीनता तथा आश्चर्य के साथ गहन मानवीय चीख मारता है, उसकी प्रतीति से मानव-जाति अनभिज्ञ रहती है। रावण के अप्रतिम शयनागार को देखकर वाल्मीकि रामायण में हनुमान के साथ भी तो यही हुआ था :

तां शोक नाशनीं दिव्यां श्रियः संजननीमिव।
इन्द्रियाणीन्द्रियार्थैस्तु पञ्च-पञ्चभिरुत्तमैः।
तर्पयामास मातेव तदा रावण पालिता। [सुन्दरकाण्ड सर्ग ९, श्लोक २९]

इस दैवीय-शिशु की चीख, चीत्कारपूर्ण अभिव्यक्ति में रक्त गुलाब की वह सारी शक्ति, सौन्दर्य और ताजगी है जिसे डी०एच० लारेन्स ने कहा है :—''पूर्ण गुलाब एक लपकती हुई शिखा है जो कि उठती है और सतत प्रवहमान रहती है और जो किसी भी अर्थ में शान्त, जड़ या समाप्त नहीं होती।''—लेकिन इस बोध को नरेशजी ने अधिक शक्तिशाली रूप में अभिव्यक्त किया है :

क्योंकि फूल एक शब्द ही नहीं, सम्पूर्ण भाषा है। [पृ० ५१]

दैवीय-शिशु की यह चीख, अनव्याख्यायित है, क्योंकि यह तात्त्विक भावोद्रेक है। यह चीख, अपने से परे उस अनात्म से एकात्म हो जाने की आकुलता ही है, जो दूसरे शब्दों में परात्पर-सत्ता है। यह वही मन्त्र है, प्रार्थना है जो मानव मात्र के हृदय के अज्ञात कोनों में शाश्वत गुंजरित है—

मधुवाता ऋतायते मधुक्षरंति सिन्धवः
माध्वीर्नस्संत्वोषधीः मधुनक्त मुतोषसि।

परात्पर से एकात्म हो जाने की इस भावना, आकुलता के कारण ही नरेशजी की कविता में सम्मोहन, जादू का गुण आ गया है। इस भावातीत आवेग में शैली इतनी सम्मोहक हो जाती है कि वह वस्तु-सत्ता को विजित कर लेती है। पाठक में आध्यात्मिकता की प्रतिसंवेगी उल्लास तरंगें प्रवाहित होने लगती हैं और अन्त में रह जाती है नरेशजी की भाषा, जो कि इस सृष्टि-रहस्य का काव्यात्मक निचोड़ लगती है। पाठक पर इस भाषा का प्रभाव सोमपान जैसा होता है, और उसे प्रभु-सान्निध्य की प्रतीति होती है। सृजनात्मकता के अपने इस भाव-राज्य में, जिसका कि कवि एक मात्र अधिष्ठाता है, राज-दण्ड थामे है। सृष्टि की सारी वस्तु-सत्ताएँ अपनी अभिव्यक्ति के लिए इस अधिष्ठाता के चरणों में विनत हैं। मुझे इस प्रसंग में पॉल

क्लॉडेल की ये महत्वपूर्ण पंक्तियाँ स्मरण आ रही हैं : "ओ मेरी संवेदनशील जड़ देह! अपने को मोड़ो, ऐंठो, फिर सीधी हो जाओ। टूटने की कोई शिकायत न करते हुए हवाओं को वाणी दो, जिसे वे तुम्हारे टूट उठने में देख रही है।"

'उत्सवा' में पक्षी, वनस्पतियों को अपना कलरव, राग सौंपते होते हैं; वनस्पतियाँ अपनी सुगन्ध झरनों में प्रवाहित करती होती हैं; झरने अपने जल की आभा और प्रवाह समस्त जैविकता को दे रहे होते हैं और यह जैविकता, अपनी निगूढ़ सम्पदा का अक्षय-कोष, घास की उस अनाम पत्ती को सौंप रही होती है जो गायत्री-मन्त्र में प्रकम्पित है :

मैंने इस भूमि को जब भी देखा है
गायत्री ही देखा है। [पृ० ५०]

एक कविता है, जिसमें सृष्टि की समस्त रचनात्मक-सत्ता का परिणाम के महान उत्सव में सम्मिलित है :

कीर्तन पंक्तियों सी
दूर्वा
जिस निष्ठा से
भूमा को उत्सव किये रहती है
क्या ये सब अनुष्टुप नहीं हैं? [पृ० २६]

यह उत्सव-भाव उस परस्पर-सत्ता के समक्ष एक प्रार्थना है, एक सहज प्रणिपात है, आस्था से उद्‌भूत एक समर्पण है—जिसकी शाश्वत अभिव्यक्ति, वस्तु-जगत के विशाल फलक पर हो रही है, जिसे सृष्टि कहा जाता है। नरेशजी की इन पंक्तियों में यह अनुभूति देखी जा सकती है :

जो जहाँ भी है
समर्पित है सत्य को

× × ×

समर्पण में
क्यों नहीं व्यक्तित्व मेरा नदी बनता? [पृ० ३९]

नरेशजी की कविता में फूल प्रदान करते वृक्ष, प्रार्थना-मन्त्र ही तो हैं। दूर्वा, पशुओं की जिह्वा को समर्पित हो रही है तो मनुष्य, ऋतुओं को अपने को दे रहा है :

अपने में से फूल को जन्म देना
कितना उदात्त होता है
यह केवल वृक्ष जानता है

और फल—

वह तो जन्म जन्मान्तरों के पुण्यों का फल है। [पृ०२९]

यह काव्य-संग्रह, कवि को अपने देश की दृष्टि में जाति की उस समग्र सत्ता के रूप में तथा उस धरातल पर प्रस्थापित करता है जहाँ कवि व्यक्तिगत आकांक्षाओं से ही नहीं, बल्कि जातीय कामनाओं से निर्द्वन्द्व हो चुका है। फलतः पशु-पक्षी, वृक्ष-वनस्पति, नदी-पर्वत तथा समस्त भौमिकता से उसने अपना तादात्म्य स्थापित कर लिया है। 'स्व' से मुक्ति—यह एक महान संघर्ष है; परिवेशगत वास्तविकताओं से स्वतन्त्र हो जाना—यह एक महान पीड़ा की अनुभव-यात्रा है।

एक फूल में मूल पावनता के संगीत को सुनने के लिए लालायित हो उठना, उस संगीत के स्वरूप को धरती पर दौड़ती नदियों और नालों में अनुभव कर सकना; अपनी त्वचा पर उस कृष्ण-गौर धूप के अतीन्द्रिय स्पर्श को भोगना, जो कि देववस्त्रों जैसी है; वनस्पतियों और वृक्षों के वल्कलों में गहन गन्ध की प्रतीति करना एक सामान्य व्यक्ति की क्षमता, शक्ति के द्वारा सम्भव ही नहीं, जो कि अपनी व्यक्तिगत आकांक्षाओं में लिप्त है; या उस व्यक्ति के द्वारा भी नहीं जो जातीय समस्याओं में उलझा हुआ समझता है कि वह किसी महत्-कार्य में संलग्न है, जबकि वास्तविकता यह होती है कि वह प्रकारान्तर से अपनी ही स्वार्थसिद्धि में रत होता है।

स्मरण करो
कोई सा भी उपाधिहीन सादा सा दिन
जब तुम्हें अनायास
अपने स्वत्त्व में
किसी कृष्ण-गन्ध की प्रतीति हुई हो,
अथवा
किसी ऐसे राग की असमाप्तता
जो तुम्हारी देह-बाँशी को
गो-वत्स की भाँति विह्वल कर गयी हो।

× × ×

केवड़े की गन्ध ही अकेली
धूप-कृष्णा का नाम ले
मन को वृन्दा किये देती है। [पृ० २५/२८]

इस उदात्तता को कौन अनुभव कर सकता है? अरण्य का वह बलूत, वह देवदार जो अपने सिर-मुकुट को उन्नत किये आकाश को छूता होता है। अपनी दृष्टि के प्रसार से वह अरण्य की विस्तीर्णता की पड़ताल कर पाता है। अरण्य की सम्पूर्ण भावाविष्टता, जैविक-

आकुलता और यातना को जो अपने स्वत्व में धारण कर रहा होता है। इस उदात्त मनीषा के कारण ही उन्नत होता हुआं देवदार, अपनी समस्त शाखा-प्रशाखाओं के साथ प्रकम्पित होने लगता है। देवदार की ऊँचाई—उसके अनुभव की ऊँचाई है, उसकी अनुभूति की ऊँचाई है, उसके यातना-संघर्ष की ऊँचाई है; और वह उदात्त मनीषा ही उसकी जैविकता का फल है।

आश्रम के पौधों को सींचने के बाद पास की वृक्ष-डालियों पर जल पीने को आतुर-पक्षियों को निर्भय करने के लिए तेजी से ऋषि-कन्याओं को वहाँ से हटते हुए कालिदास ने देखा तो उस मनीषी-कवि ने अपनी-व्यक्तिगत कामनाओं की एक नहीं, बल्कि समस्त जातीय आकांक्षाओं की सीमाओं को भी पार करके एक अनाम पक्षी के लिए कातर होकर वैसे ही मानवीय भावोद्वेग के शिखर को छू लिया था जैसे कि आदि-कवि वाल्मीकि एक बाण-विद्ध कातर पक्षी के क्रन्दन को सुनकर द्रवित हो उठे थे। 'रघुवंश' में कालिदास कहते हैं : "से कान्ते मुनिकन्या भि: तत्क्षणोझ्झित वृक्षकं विसंभ्राम विहंगानां आलवालाम्बु पायिनां।" उसी प्रकार इस सुप्रसिद्ध श्लोक में वाल्मीकि की आतुरता पक्षी के लिए दिखायी देती है : "मा निषाद प्रतिष्ठां त्वं।"

नरेशजी की कविता हममें भावों का तूफान तथा इन्द्रिय-बोध का भूकम्प उत्पन्न करती है तथा उस आदिम सृष्टि-सौन्दर्य के गर्भ में, जो कि हमारा मूल निवास है, वापस लौट जाने की आकुलता बारम्बार जगाती है, ताकि हम भी बिना किसी हेतुवादी तार्किकता की यन्त्रणा के एक विनयी व्यक्ति [वैष्णव व्यक्तित्व] के रूप में अन्य सारी वस्तु-सत्ता और प्राणी-सत्ता को साथ लेकर उस महारास में सहज भाव से सम्मिलित हो सकें। इस महारास, जीवन-उत्सव में भाग न ले पाने पर किसी को भी गहन निराशा होगी, यह महाआनन्द के चिद्-आस्वाद से वंचित होने का ही बोध है। नरेशजी ने इस पीड़ा को भी व्यक्त किया है :

मेरा यह कैसा अकेलापन
जा उस वैश्विक-उत्सवता से वंचित है। [पृ० २७]

मधुछन्दस, वाल्मीकि और कालिदास की समग्रता की तरह नरेशजी ने अपने इस 'उत्सवा' नामक काव्य-संग्रह को हमारे युग की मानवीय अनुभूतियों, उदात्तताओं के पावन-जलों का जैसे संगम बना दिया है। उन प्राचीन 'अनुष्टुपों' की ध्वनियाँ इस संग्रह में अनुगुंजित हैं फलस्वरूप ये कविताएँ, आधुनिक भारतीय कविता को उन युगों की हरींतिमा और शक्ति भी देती हैं। तब कविता, परिष्कार और कृत्रिमता से दूषित नहीं हुई थी। वह परिष्कार एवं कृत्रिमता ही वास्तविकता के अगवाहन में आज मानव और उसके परिवेश के बीच एक अभेद्य दीवार, हस्तक्षेप बने हुए हैं।

जब नरेशजी की ये पंक्तियाँ हमारी चेतना के तटों को छूती हैं :

एक अग्नि है
जिसका स्वाहा से विवाह हो रहा है,
सारी वनस्पतियाँ

अपनी औषध-गन्ध ले
इस उत्सव में समर्पित हो रही हैं।
वह अग्निहोत्रिन
हमारी आयु की पवित्रा धारण किये
हवि दे रहा है। [पृ० ३५]

तब हमारी आनुवंशिक स्मृतियों की पुरातत्वी गुफाओं में से गुंजित, अनुगुंजित होती हुई ऋग्वेद के 'पुरुष-सूक्त' की यह आर्ष-वाणी आने लगती है :

यत्पुरुषेण हविषा देवाद्‌ यज्ञ मतन्वत
वसन्तो अस्यासी दाज्यं ग्रीष्म इध्मः शरद्धविः।

ऋग्वेद की इस ऋचा की आत्मा को नरेशजी ने कभी एक फूल के श्वास की तरह, कभी लीला-भाव के रूप में, कभी यज्ञ के विशाल प्रयोजन-रूप में अर्थात् सर्वत्र विकसित किया है। उसे वह कभी प्रार्थना-पुरुष कहते हैं, तो कभी वह 'उत्सव-उपनिषद्' हो जाता है, तो कभी मात्र उत्सव।

मनुष्य होने का अर्थ ही है
एक उत्सव
एक रास का आरात्रिक सम्पन्न होना।
मनुष्य का रास-पुरुष ही
देश और काल में यात्रा कर रहा है। [पृ० ५५]

'उत्सवा' सारी स्रजित वस्तुओं का एक महान-कुम्भ है और नरेशजी की कविता, आधुनिक भारतीय कविता में न केवल देवदार का व्यक्तित्व ही रखती है, बल्कि हमारे जीवन के ताण्डव का रक्त-लास्य भी है। हमें केवल कवि के साथ यात्रा करनी होगी, बस :

तुम जिसे पेड़ कहते हो
वह मात्र पेड़ ही नहीं
वह वानस्पतिक श्लोक है,
श्लोक ही नहीं बल्कि एक सम्पूर्ण उपनिषद् है।

× × ×

धरती के प्रार्थना-पदों सी
आलाप लेती ये पगडण्डियाँ

× × ×

चन्दन देह-यष्टि सा झाँकता हुआ
हमारा किशमिशी रोज का सादा सा दिन

खेतों में
कंडे पाथते हुए कैसा उत्सव लगता है।
चन्दन की मुठिया से लेकर गोबर के कण्डों तक
यह जीवन की कैसी गान्धर्व-वीणा बज रही है!
हमारे लिए मनुष्य मात्र
हमारे लिए गन्ध मात्र
हमारे लिए रंग मात्र
वेद-पाठ है
यज्ञ-ध्वनि है
उत्सव-गान है।
कभी अपनी-वैयक्तिकता को
इतनी विशाल स्वरलिपि में बजने दो बन्धु!

हैदराबाद
१० फरवरी, १९७९

—शेषेन्द्र शर्मा

[मूल अंग्रेजी से अनूदित]

अनुक्रम

उत्सवा

प्रार्थना-धेनुएँ

विश्वास करो
तुम्हारे लिए कोई अहोरात्र प्रार्थना कर रहा है।

स्मरण करो
कोई सा भी उपाधिहीन सादा सा दिन
जब तुम्हें अनायास
अपने स्वत्त्व में
किसी कृष्णगन्ध की प्रतीति हुई हो,
अथवा
किसी ऐसे राग की असमाप्तता
जो तुम्हारी देह-बाँशी को
गो-वत्स की भाँति विह्वल कर गयी हो,

विश्वास करो
स्मरण के उस गोचारण में
कहीं तुम्हारे लिए

कोई प्रार्थना-धेनुएँ दुह रहा होता है।
व्यक्तित्व की यह वृन्दावनता ही प्रार्थना है।

प्रार्थना की कोई भाषा नहीं होती।
जिस उदार भाव से
वनस्पतियाँ
धरा को वस्त्रित किये रहती हैं,

कीर्तन-पंक्तियों सी
दूर्वा
जिस निष्ठा से
भूमा को उत्सव किये रहती है—
क्या ये सब अनुष्टुप नही हैं?
यदि धूप की ब्राह्मणी
उपनिषद् नहीं है
तो फिर और कौन है ?
अपने फूलों को देता हुआ
पादप
प्रार्थना ही तो करता है,
मेघों की लिखित गायत्रियाँ ही तो नदियाँ हैं।
कोई इन परंतपा
रँभाती प्रार्थना-धेनुओं को आरात्रिक दुह रहा है,
विश्वास करो
तुम्हारे लिए कोई अहोरात्र प्रार्थना कर रहा है—

वह वैष्णव है।

❀

धूप–कृष्णा

इस कोमल गान्धार धूप को
कभी अपने अंगों पर धारा है ?

प्रतिदिन पीताम्बरा यह
वैष्णवी
किसके अनुग्रह सी
आकाशों में देववस्त्रों सी
अकलंक बनी रहती है ?
सम्पूर्ण वानस्पतिकता
पीत चन्दन लेपित
उदात्त माधवी वैष्णवता लगती है।
मेरा यह कैसा अकेलापन
जो इस वैश्विक उत्सवता से वंचित है।

इस गौरा, साध्वी–धूपा को
कभी अपने पर कण्ठी सा धारा है ?

इस कोमल गान्धार धूप को
कभी अपने अंगों पर धारा है ?
पत्र लिखी रम्या यह
धूप
स्वयं वृक्ष हो जाती है,
वाचाली हवाएँ तब

वृक्ष नहीं, पात नहीं
धूप ही हिलाती हैं।
नदियों
पहाड़ों
वनखण्डियों में
धूप की तुलसी उन्मत्त किये देती है,
कैसी केवड़े की गन्ध ही अकेली
धूप-कृष्णा का नाम ले
मन को वृन्दा किये देती है।

इस प्रभुरूपा राधा-धूपा को
कभी ठाकुर कह बाँशी में पुकारा है ?

इस कोमल गान्धार धूप को
कभी अपने अंगों पर धारा है ?

❀

वृक्ष-बोध

आज का दिन
एक वृक्ष की भाँति जिया
और प्रथम बार वैष्णवी सम्पूर्णता लगी।

अपने में से फूल को जन्म देना
कितना उदात्त होता है
यह केवल वृक्ष जानता है,
और फल—
वह तो जन्म-जन्मान्तरों के पुण्यों का फल है।

स्तवक के लिए
जब एक शिशु ने फूल नोंचे
मुझे उन शिशु-हाथों में
देवत्व का स्पर्श लगा।
कितना अपार सुख मिला
जब किसी ने
मेरे पुण्यों को फल समझ
ढेले से तोड़ लिया।
किसी के हाथों में
पुण्य सौंप देना ही तो फल-प्राप्ति है,
सिन्धु को नदी
अपने को सौंपती ही तो है

सच, आज का दिन
एक वृक्ष की भाँति जिया
और प्रथम बार वानस्पतिक समर्पणता जगी।

देवशिशु का जन्म

आज मैंने एक आश्चर्य के दर्शन किये
और—
वह देवशिशु का जन्म था।

श्रावणी निरभ्र आकाश की नीलवर्णता को
अनन्त गहराइयाँ मिली हुई थीं,
देखने मात्र से
जिसके कलुषित हो जाने की आशंका थी
ऐसे
उस विष्णु-आकाश में
एक अश्वत्थ—
तेजस्वी ब्राह्मण सा
अपनी प्रशाखाओं के केश खोले
उस आकाशी समुद्र में निरानन्द खड़ा था
जैसे वह वर्ष हो
जो सावित्रियाँ धारण करता है।
आकाश उसके घुटनों तक ही था
और वह बारम्बार
अपने चंचल पत्र-पाणियों से
धूप का आचमन कर रहा था।
उस ब्राह्मण के
जर्जर झीने हर वस्त्रों में
एक स्फटिक मणि
कोटि सूर्यों सी दैदीप्य थी।
वह सृष्टि मात्र को
सूर्य बाँटता लग रहा था।

अनन्त गहराइयों वाले
नीलवर्णी विष्णु-आकाश में खड़ा, वह
अश्वत्थ-ऋत्विक—
गायत्रियों को
नारायणी और सरस्वती पद देता हुआ
आकाश चल रहा था
और सूर्य—

गर्भ से निकले शिशु की भाँति
सप्तमातृकाओं की खोज करता हुआ
दैदीप्य आभा में
पृथिवी की ओर
अपने देवनेत्रों से प्रथम बार
दिन देख रहा था।

गायत्रिन

कौन है आकाश से बड़ा गायत्रिन ?

जो उषा और सन्ध्या
दोनों गायत्रियों से युक्त है
जिसके प्रशान्त जलों में
आदित्य अपने अश्वों को नहलाता है,
जिसकी रात्रियों को
कालपुरुष
कम्बल की भाँति ओढ़े रहता है।
कभी ब्राह्ममुहूर्त में
मेघों का त्रिपुण्ड्र लगाये
इस सात्विक को देखा है ?
इस मनस्वी की पंचपात्री ताम्रता ही पूर्व है
और तापसी कुन्दनता पश्चिम।

यह अनासक्त
काल को अहोरात्र
दिशाओं में बाँध कर
समय को अज्ञात घाटियों में ले जाकर
अनुखन उन्मुक्त कर रहा है
जैसे वह समुद्र उलीच रहा हो,
कहाँ ?
कौन जानता है !!

हाँ, वही
वही गान कर रहा है—

कौन हैं आकाश से बड़ा गायत्रिन ?

जब यह देखता है
तब सावित्रियाँ—
दूर-पास के आकाशों में
अपने पंखों का पौराणिक प्रकाश फैलाते हुए
नक्षत्रों औ वनस्पतियों के श्लोक लिखती हुईं
संवत-यात्राओं पर निकलती हैं।
कृष्ण-गौर धूपों का यह सार्थ
देवताओं की छाया सा
कभी आकाश में चलते देखा है ?

रात्रि जिसकी ध्यानावस्था है
प्रकाश के इस आचमनकर्ता संन्यासी का
लीलाघोष
दूर्वादल में सुन रहे हो ?

हाँ, वही
वही गान कर रहा है—

कौन है आकाश से बड़ा गायत्रिन ?

केवल एक दिन
वह सम्पूर्ण जलों को सम्बोधन करता है

और उस दिन
आकाश में पूर्णिमा होती है,
केवल एक दिन
वह सम्पूर्ण वैश्वानर को सम्बोधन करता है
और उस दिन
पृथिवी ज्वालामुखी हो जाती है।

नदियों के अनन्त यज्ञोपवीत धारण किये
इस धूर्जटी को कभी देखा है
जो अग्नि के अनुष्टुप लिख रहा है ?

हाँ, वही
वही गान कर रहा है—

कौन है आकाश से बड़ा गायत्रिन ?

एक अग्नि है
जिसका स्वाहा से विवाह हो रहा है,
सारी वनस्पतियाँ
अपनी औषध-गन्ध ले
इस उत्सव में समर्पित हो रही हैं।
वह अग्निहोत्रिन
हमारी आयु की पवित्रा धारण किये
हवि दे रहा है।

इस विष्णुवर्णी नीलाम्बर को
रुद्रपाठ करने दो।
जब कुछ नहीं था
तब भी यह गायत्रिन था,

जब कुछ नहीं होगा
तब भी यह वैश्वानर-पुरुष होगा।

हाँ, वही
वही गान कर रहा है—

कौन है आकाश से बड़ा गायत्रिन ?

निवेदन

जब तुम मुझे अपमानित करते हो
तब तुम मेरे निकष होते हो।
प्रभु से प्रार्थना है
वह तुम्हें निकष ही रखे।

दिन, कृपा है

दिन
प्रभु की कृपा है।
ओ मेरे शुभ संकल्पी हाथो!
बिना पात्र या कुपात्र का विचार किये
चढ़ा दो इस अर्घ्य को।

तुम्हारा विनय,
तुम्हारी यह वैष्णवता
हर पाथर को
प्रभु कर जाएगी एक दिन,
केवल उसी का विचार करो
आज का नहीं।

सर्वत्र

जो जहाँ भी है
समर्पित है सत्य को।

ये फूल
औ यह धूप,
लहलहाते खेत
ऽ नदी का कूल
क्या प्रार्थनाएँ नहीं हैं ?
ये व्यक्तित्व
ऊर्ध्व के प्रति क्या निवेदित नहीं हैं ?

तब—
प्रार्थना में
निवेदन में
समर्पण में
क्यों नहीं व्यक्तित्व मेरा नदी बनता?
क्यों नहीं यह माथ मेरा
प्रत्येक को रँग-गन्ध देकर विनम्रित होता ?
क्यों नहीं इन बाहुओं से
सृष्टि की दुःख-यष्टि को मैं भेंट पाता ?

चाहता हर बार
उन्मुक्त हो घर-द्वार

अन्तर का।
प्रशस्त हो मुझमें हवा
आकाश मुझमें ही लिखा हो
किसी का हो अश्रु—
मेरा बने।
सब मुझे अपनी पराजय सौंप
सुखी हो जाएँ।

किस दिन जगेगा यह पुण्य ?
किस दिन जन्म लेगी यह तपस्या—

जब रहूँ
समर्पित रहूँ
केवल अन्य को।

महाभाव

कभी वनस्पतियों को
एक कवि की दृष्टि से देखो—
कैसी विशाल कौटुम्बिकता अनुभव होती है !

अमानुषी वन-पर्वतों
निर्जन जंगलों
एकाकी उपत्यकाओं में भी
पत्रलिखी भूषाएँ धारे
सुरम्यवर्णी फूल खोंसे
ये वनस्पतियाँ—
भाषातीत संकीर्तन करतीं
निवेदित, सुगन्ध ही सुगन्ध लिखती रहती हैं।

आदिवासी इन अरण्य पुत्रियों को
एक कवि की दृष्टि से देखो—
कैसी उपनिषदीय आश्रमता अनुभव होती है!

पशुप्रिया दूर्वाओं के
ये हरिद्र अंकुर
क्या मात्र पत्तियाँ ही हैं ?
इनमें स्तुतियों की सी कृतकृत्यता नहीं लगती ?
क्या इन उपेक्षित घासों को
किसी ऋषि की करुणा ने

कोई अनुष्टुप नहीं सौंपा ?
इनमें किसी देवता का वास नहीं लगता ?

इन अन्त्यज माटी-मन्त्रों को
एक कवि की दृष्टि से देखो—
कैसी आवाहनमयी ऋजुता अनुभव होती है!

आकाश में नहीं
मेघों को पृथिवी पर गंगा की कृतार्थता मिलती है।
आकाश में नहीं
स्वत्व को पृथिवी पर वानस्पतिक सार्थकता मिलती है।
होने दो अवतरित
अपने भीतर भी इस महाभाव को।

ऊर्ध्व की इस अवरोहण यात्रा को
एक कवि की दृष्टि से देखो—
कैसी वैष्णवी-उत्सवता अनुभव होती है!

सार्थकता

दिनारम्भ हुआ तो एक फूल की ही भाँति था
लेकिन शाम तक वह
उत्सव के स्तबक की भाँति अकेला हो उठा।
फूल का अकेला हो जाना
कितना उदास कर जाता है
जैसे इतिहास के बीत जाने पर
उस इतिहास की गन्ध
दीवालों की काइयों में रह गयी हो
और अनायास उसका स्पर्श कर लिया हो।
पूरे दिन
यह प्रतीति बनी रही कि
उपत्यकाओं की भाँति नितान्त होकर
किसी दिन-फूल को अपनी देह पर भोगना
कितना दैवीय अनुभव है
जैसे गायत्रियों युक्त आकाश धारण किया हो।

जब चैत्र-सूर्य
सुदूर के भूरे
मिट्टी के गरम चूल्हे जैसे क्षितिज के पास
लौटने का उपक्रम कर रहा था
तब कैसी कारुणी असंगता थी
जैसी कि निष्णात वादन के उपरान्त
वाद्य में आ जाती है।

सूर्य के मघवा-वर्चस्व का असंग हो जाना
नदियों, मार्गों, घासों तक को उदास कर जाता है।

मैं अपनी आयु की वानस्पतिक गन्ध
फूल को सौंप देना चाहता हूँ
ताकि वह
मेरे पुण्यों की मयूरपंखी उत्सवता बन
सूर्य के धूप-मुकुट की
जयकार बने।

इसमें फूल या सूर्य की नहीं
मेरी सार्थकता है—
क्योंकि
फूल मेरी पृथिवी
और सूर्य मेरा आकाश है।

सूर्योदय, एक सम्भावना

कल तुम जहाँ खड़े थे
वहाँ एक ऐसा सूर्योदय हुआ था
जिसका कीर्तन करते
अनन्त पाखी
मधु-माधव उत्सव की गुलाल लग रहे थे।
आकाश का यह माधव
प्रकाश के मधुछत्ते से
मधुपर्क वितरित कर रहा था
और पृथिवी—
परिणयाकुल मधुमती लग रही थी।

सूर्य को भी
देवताओं की भाँति आकाश ही प्रिय है,
शायद प्रत्येक तेजस्विता आकाश होती है
और सौम्यता पृथिवी।
इसीलिए तुम, गायत्रीभूषा में
प्रतिसूर्य बनकर
पृथिवी पर धूप चलने लगे।
हिम-शिखरों से नदियाँ दुहते हुए
मैदान में खड़े तुम
पता नहीं अरण्य से क्या बातें कर रहे थे।

एक नये आरण्यक को आया देख
वनस्पतियाँ—
अपनी चपल कौतूहलता में

तुम्हारे वस्त्रों को धूप समझ
उनसे खेल रही थीं
जैसे कि वे स्वर्णमृग हों।

तुम्हारे व्यक्तित्व की वह पवित्रता ही थी
जिसे छूते ही
धरित्री सरस्वतीगन्धा लग रही थी,
और वे हवाएँ
वैसी ही प्रसन्न चिड़ियाँ थीं
जैसी कि प्रार्थना-घण्टों की अन्तिम थरथराहट
अपने में लिये सन्ध्या हवाएँ होती हैं।
औषधसम्पन्ना तुम्हारी आँखों में
सर्दियाँ की आँच का सा आमन्त्रण था।

अग्नि की यह गैरिक करुणा
मनुष्यों की अपेक्षा वृक्षों में अनायास होती है
इसीलिए वृक्ष
नैसर्गिक साधु-चरित होते हैं।
और जब मैंने पहली बार तुम्हें जाना
तो लगा कि
धर्मग्रन्थ को जानना क्या होता है।
परन्तु उस समय तक तुम
अपनी धूप समेट चुके थे।
संन्यासी के वस्त्र जैसे
उस आकाश में
उस धर्मग्रन्थ के नामवाले स्वर्णिम अक्षर
डूबते शेष थे
जैसे राग क्रमशः वैराग्य ले रहा था।

सम्भव है
कल फिर
जहाँ भी तुम खड़े होओ
धर्मग्रन्थ की पवित्रता वाला
सूर्योदय हो
और सावित्रियाँ नक्षत्र-अभिषेक करें,

वैसे पूर्वाचल पर तुम ऋत्विज ही लगते हो।

कौन है विनायक ?

अकेला दिन
अकेला फूल
पीपल की अकेली वासुदेविक प्रकम्पितता
मुझे संन्यास लगते हैं।

चारों ओर यह कैसी प्रव्रज्या है
हवा की,
अंग-वस्त्रों सी मुझे घेरे हुए है।
कितना कठिन है
ऐसा सदाशिव होना, कि—

अयाचित सुगन्धित हों
अनायास दीपित हों
अनाहूत दूर्वा पर आलेखित धूप हों।

कौन है विनायक
जो मेरे इस संन्यास में बाधक है ?
जो मेरे पार्थिव को सदाशिव होने से रोके है ?

कौन है विनायक ?

मन्त्र-गन्ध और भाषा

कौन विश्वास करेगा कि
फूल भी मन्त्र होता है ?

मैं अपने चारों ओर
एक भाषा का अनुभव करता हूँ
जो ग्रन्थों में नहीं होती
पर
जिसमें फूलों की सी गन्ध
और बिल्वपत्र की सी पवित्रता है,
इसीलिए मन्त्र
केवल ग्रन्थों में ही नहीं होते।

धरती को कहीं से छुओ
एक ऋचा की प्रतीति होती है।
देवदारुओं की देह-यष्टि
क्या उपनिषदीय नहीं लगती ?
तुम्हें नहीं लगता कि
इन भोजपत्रों में
एक वैदिकता है
जिसका साक्षात नहीं किया गया है?
ये प्रपात
स्तोत्र-पाठ ही तो करते हैं।
यह कैसी वैश्वानरी-गन्ध
गायत्री छन्दों में
धूप के पग धरती

वनस्पंतियों पर उतर रही है।
सावित्रियों के इस अरण्य-रास का वर्णन
किसी शतपथ में नहीं मिलेगा।

इसीलिए मैं एक भाषा का अनुभव करता हूँ
जो ग्रन्थों में नहीं होती
पर प्रायः जिसे मैंने
भाषाहीन वनस्पतियों में सुना है।

मैंने इस भूमि को जब भी देखा है
गायत्री ही देखा है।
कभी नदियों को उनके एकान्त में देखो—
ओषधियों का आचमन करती हैं।
पेड़ों के फलों
गायों के दूध, और
मनुष्य मात्र की दृष्टि
किसी को भी सूँघो—
सूर्य की सुगन्ध मिलेगी।
कहीं भी जाओ
एक सम्पूर्ण अनुष्टुप
इस पृथिवी पर लिखा मिलेगा।

इसीलिए मैं एक भाषा का अनुभव करता हूँ
जो ग्रन्थों में नहीं होती
पर प्रायः जिसे मैंने
एकान्त और कोलाहलों में सुना है।
रात और दिन के कृष्ण-शुक्ल स्वरों में
ये सूर्याएँ
यजुर्वेद हो जाती हैं।
प्रत्येक क्षण एक मन्त्र

वनस्पति में परिणत होता है
जिसकी गन्ध
फूल मात्र में होती है।
नाम, सीमा का होता है
असीम का नहीं,
तब भला उस गन्ध को क्या नाम दोगे
जो फूल मात्र में होती है ?
हमारी सारी भाषाओं से परे
वह एक साक्षात है
जो केवल एकान्त की मन्त्र-गन्ध होता है
और वह केवल अवतरित होता है।

इसीलिए मैं एक भाषा का अनुभव करता हूँ
जो ग्रन्थों में नहीं होती
क्योंकि उनमें फूल, मन्त्र नहीं होता,
जबकि कौन विश्वास करेगा कि
फूल भी मन्त्र होता है,
क्योंकि फूल
एक शब्द ही नहीं सम्पूर्ण भाषा है।

पूर्णता

जब भी फूल खिलता है
मुझे पूर्ण करता है।
गन्ध—
अतिरिक्त कृपा है फूल की।
मिट्टी को रँगना
कितनी सार्थक है रचना।

ओ उदारमना वनस्पति!
कहाँ-कहाँ
किन-किन रूपों में
अपने धर्म को निभाती हो।
करुणा की यह काँवर
कैसे-कैसे एकान्तों तक ले जाती हो।
आरात्रिक कैसी यह वानस्पतिकप्रियता
धूप में
हवा में
माटी में होती है,

यह होना ही पूजा है।
वृक्ष जब धर्मरूप होता है
फूल खिलता है
उसकी यह उत्सव-वैष्णवता ही
मुझे पूर्ण करती है।

क्या कुछ भी नहीं ?

धरती के काव्य-संकलन जैसे
ये वन, उपवन
साम्राज्ञियों के चीनांशुकों से
ये धनखेत
खुला कार्तिक अबाध आकाश
कृष्णा-आकुल गोपिका नेत्रों जैसे
ये श्यामल मेघ
वृन्दावनी सारंग सी
ये दाक्षिणात्य हवाएँ—
कुछ भी,
क्या कुछ भी तुम्हें अब आमन्त्रित नहीं करते ?

अवश्य ही
इन भाद्रपदी जलभरी एकान्त पगडण्डियों पर
वर्षों से तुम नहीं चले होगे।
भीगी धरती को
पैरों से छूने का वानस्पतिक-सुख
भागवत-आस्वाद—
धारोष्ण दूध से कम नहीं है बन्धु!
अत्यन्त साधारण यात्रा का
जो ग्रामीण आमन्त्रण
देशज शब्दों जैसी इन पगवाटों में है—
नारियल-जल जैसी
इस परम आस्वादमयी आत्मीयता से भी
तुम वंचित ही रहे हो बन्धु!

अपनी माटी से पृथक हो जाने का अर्थ
किसी दिन किसी वृक्ष से पूछ देखना।
वृक्ष की उस वानस्पतिक-भाषा का
एक बार सम्मान करके तो देखना—
एक कुल-गोत्रता अनुभव होगी।

अविश्वास मत करना
प्रत्येक पगडण्डी से मानुष-गन्ध आती है।
किसी भी मन्त्र को सूँघो
किसी स्तोत्र को छुओ
मानुष की गन्ध और जयकार दिखायी देगी।
मनुष्य होने का अर्थ ही है
एक उत्सव
एक रास का आरात्रिक सम्पन्न होना।
मनुष्य का रास-पुरुष ही
देश और काल में यात्रा कर रहा है।

यह पृथिवी
किसी के प्रति कृतघ्न नहीं
उसके लिए कोई अपात्र या कुपात्र नहीं है
वह श्यामा-माँ है,
कभी इस भाव को अपने भाल पर धारण करके देखो।
वन और बस्ती
आरण्यकता और मानुष को जोड़ने वाली
पगडण्डी—
वैष्णव-बाँशी ही तो है।
कहते हैं
जब इसमें विराग बजता है
तब वृक्ष
अपने पत्र पृथ्वी को दान कर देते हैं

और जब यह वानीरा रागमयी होकर नामस्मरण करती है
तब घर-घर में छाछ मँथी जाती है,
और घर-मात्र में
एक मन्दिर-भाव आ जाता है।
इन दैवीय और मानुर्षा रासलीलाओं की
यह माधवी कृष्ण-बाँशी
संकोची ग्राम्या पगडण्डी ही तो है।
कभी इस यात्रापुत्री का विश्वास करके तो देखो
अवश्य ही यह तुम्हें भी परिजन-पुरजन तक ले जाएगी।

निश्चय ही अब तक तुम भूल गये होगे कि
ग्राम्य जलों वाले
ये नदी, नाले,पोखर, बावड़ी
अर्थात जल मात्र कुटुम्बीजन हैं।
कन्याओं ने अपनी अल्हड़ता
वधुओं ने अपना काम-प्रसाधन
इन्हीं एकान्त, संकोची जलों में निहारा है
और अपनी खिलखिलाहट
इन जलों को भी सौंपी है,
और इन्हीं जलों में शवों का अन्तिम स्नान भी हुआ है

बन्धु! जल का स्वरूप नहीं धर्म देखा जाता है।
तुम्हारे लिए कठिन होगा यह स्वीकार सकना कि
पानी पर की झुकी डाल पर लेटे हुए
गर्मियों की दोपहर
प्रियम्वदा भी लग सकती है।
वस्तुतः वस्तुओं को जिन नामों से
अब तुम जानने लगे हो
वह उन्हें जानना नहीं है बन्धु!
तुम जिसे पेड़ कहते हो

वह मात्र पेड़ ही नहीं है—
वह वानस्पतिक श्लोक है,
श्लोक ही नहीं बल्कि एक सम्पूर्ण उपनिषद् है,
पृथ्वी की एक ऐसी कृपा है
जो सूर्यों और ऋतुओं
तथा सारे मानवीय सुख-दुःखों को पुष्प-गन्ध भाव से समर्पित है।

धरती के प्रार्थना-पदों सी
आलाप लेती ये पगडण्डियाँ,
संकोची ग्रामीण आत्मीय जल
वनस्पतियों की ये शत-शत पंचतन्त्री कथाएँ
कुछ भी
क्या कुछ भी तुम्हें अब आमन्त्रित नहीं करते ?

आकाश में अनाविल उड़ते
हारिल तोतों के ये स्वच्छन्द छन्द
दिशाओं को चित्रित कर जाते हैं।
तुम अब तक निश्चित ही भूल गये होगे कि
फाल्गुन के प्रातःकालीन आकाश का अन्तिम तारा
बृहस्पति नहीं शुक्र होता है।
अवश्य ही सुनकर आश्चर्य होगा कि
खेतों पर से आती हवा में
धन-धान्य की ज़ीवनी गन्ध होती है।
केवड़े के सुगन्धित आलिंगनों को अस्वीकारतीं
ये नायिकाएँ
दाक्षिणात्य हवाएँ ही तो हैं
जो बस्तियों पर
जंगलों पर
ग्रामीण मानुषी मन पर मायावस्त्र बुन रही हैं।
और इन मायावस्त्रों में से
चन्दन देह-यष्टि सा झाँकता हुआ,

हमारा किशमिशी रोज का सादा सा दिन
खेतों में
कंडे पाथते हुए कैसा उत्सव लगता है।
चन्दन की मुठिया से लेकर गोबर के कंडों तक
यह जीवन की कैसी गान्धर्व-वीणा बज रही है ?
हमारे लिए मनुष्य मात्र
हमारे लिए गन्ध मात्र
हमारे लिए रंग मात्र—
वेद-पाठ है
यज्ञ-ध्वनि है
उत्सव-गान है।
कभी अपनी वैयक्तिकता को
इतनी विशाल स्वरलिपि में बजने दो बन्धु !
और देखो कि इस पृथ्वी को स्वर्ग बनाने के लिए
कैसा अनुष्ठान सम्पन्न हो रहा है।

नीबुओं की यह मदालसा गन्ध
और उससे भी अधिक
इनका यह जाज्वल्य पीला रंग
किसी मध्यकालीन
अन्तःपुर की प्रसंग-घटना सा नहीं लगता ?
तुम्हारी नागरिक शैली के चित्रों से अधिक सार्थक
तो कुम्हार के इस आँगन के उपेक्षित अनार पर बैठे हुए
ये एकाग्र तोते
भागवत सान्निध्य का स्मरण नहीं कराते ?
तुम इस आरण्यक अनुभव और आस्वाद से भी
अपरिचित हो गये होगे कि
मेघों में काँपती बिजलियाँ
पशुओं की रह-रह प्रकम्पिता भीगी त्वचा सी लगती हैं।
वस्तुतः तुम जिस भाषा में
अपने परिवेश तक को अब सम्बोधित करने लगे हो

विश्वास करो वह भाषा नहीं,
दाँतों के बीच से अनायास निकल पड़ी हवा का
एक ऐसा ठण्डापन है
जो कि केवल वस्तुओं में ही होता है।
तुम जिसे बरगद कहते हो
वह मात्र बरगद ही नहीं है
वह कुटुम्ब सम्पन्नता वाला वट भी है
बल्कि एक सम्पूर्ण रासपंचाध्यायी है
जो आकाश और पृथ्वी को
अपनी औषधता से पवित्र कर रहा है।

धरती की सुगन्ध गाथाओं सी
पाखियों की ये अनागरिक पंक्तियाँ
हवाओं के ये
पारदर्शी उत्सवी मायावस्त्र
वानस्पतिक वैष्णव-गाथाओं का यह अहोरात्र पाठ
कुछ भी,
क्या कुछ भी तुम्हें अब आमन्त्रित नहीं करते ?

एक प्रश्न

क्या तुम्हें यह अच्छा लगता है कि
तुम्हारी वेणी में पहुँच कर
फूल—
अपनी एकान्त सुगन्ध छोड़कर
एक सार्वजनिक घटना बन जाए ?
लेकिन क्यों ??

किसी अमूल्य ऐकान्तिकता का
इससे अधिक
और क्या अपमान हो सकता है कि
वह विज्ञापन हो जाए ?
प्रसाधित गोष्ठियों
सार्वजनिक उत्सवों के बिना तुम नहीं रह सकते ?
वैयक्तिकता
या अपनी अमूल्य ऐकान्तिकता को
चौराहों की चीज बना कर क्या मिला है ?
काव्य या करुणा
या किसी भी उदात्तता का
तुम्हारे लिए शायद अब कोई अर्थ नहीं रह गया है।
प्रत्येक में पदार्थ देखने वाली
तुम्हारी आँखों में
इसीलिए हिंस्त्रता चमक रही है
जिसे देख कर
ये फूल

ये हवाएँ
ये पाखियों के दल के दल
तुम्हारी आँखों से ओझल हो जाना चाहते हैं।
देवदारु और भोजपत्र
किसी हवा के कारण नहीं
बल्कि तुम्हारी उपस्थिति को लेकर चिन्तित हैं
क्योंकि तुम्हारे स्पर्श में
एक वधिक का भाव है।
नदियाँ
अपने जलों के पीताम्बर लिये
कैसी टूट-भागी जा रही हैं
जैसे तुम उन्हें विवस्त्र करना चाहते हो।
तुम, मात्र एक चमकदार पत्थर के लिए
बनैले पशु की भाँति
पृथिवी को खूँद कर
जब उसे पा जाते हो
तब दूर-दूर तक भी तुम्हारी आँखों में
क्षत-विक्षत, विदीर्णा
उस धरित्री के प्रति
कृतज्ञता या आभार कुछ भी तो नहीं होता।
यह कैसी शाश्वत शत्रुता है तुम्हारी
इस दैवीय सम्पदा के साथ?
इस प्रकृति के साथ?
और क्यों ??
क्या किसी भी दिन
तुम इस महाभाव को स्वीकारना नहीं चाहोगे कि—
यह समस्त सृष्टि
तुम्हारे ही कुलगोत्र की परिजन है
जो कि विभिन्न नामों में
वृक्षों पर

धरती पर
आकाश में—
मुकुलित है
यात्रित है
सन्तरित है ?
क्या तुम किसी भी दिन
अपने इस पाशुपत रूप से विकसित होकर
सदाशिवत्व नहीं अंगीकारना चाहोगे ?
क्या किसी भी दिन नहीं ??

आग्रह

द्वार पर जो भी गुहार देता है
वैष्णव है।

अयाचित अतिथि यह करपात्री है
किन्तु दाता है,
न जाओ किसी के स्वरूप पर।
स्वागत करो,
इस यायावरी, संकीर्तन करती हुई
असंग वैष्णवता का स्वाग़त करो
आँगन को बुहारो मत
कल ही
कीर्त़न-पुरुष के ये पदचिह्न
द्वार के स्वस्तिक कहलाएँगे।

वैष्णव-यात्रा

मैं नहीं जानता कि
यह पृथिवी
सूक्त है या शिलालेख
अथवा ज़र्जर भोजपत्रों वाली कोई प्राचीन पाण्डुलिपि!

जब भी कोई फूल
पैरों के नीचे आ जाता है
लगता है कोई मन्त्र दब गया है।
चींटी के आहत होते ही
संहिता की हत्या सा लगता है।
मेरे लिए यह पृथिवी
दिशाओं पर जाकर समाप्त हो जाने वाली
मात्र धरती ही नहीं है
वरन जीव मात्र की कवच
नारायणी है।

शतपथ नदियों वाली इस ब्राह्मणी को
उदार देवदारुओं की भाँति
तपस्या करते नहीं देखा?
मरुथलों की उत्तप्तना के बीच भी
प्रशान्त बनी इस गायत्री को
मैं नहीं जानता कि
यह अक्षर है या कारिका

अथवा पुरुष-सूक्त को वहन करती कोई आकुल प्रार्थना!

पैरों की आहट मात्र से
बान्धवी अरण्यानी का
ऋषि-कन्या की भाँति
अपने सात्विक एकान्त से चौंक पड़ना
मुझे अपने पुण्यों का क्षय लगता है।
कैसे उत्सव-भाव से मिट्टी पृथ्वी पर फैली हुई है—
उसे यों ही मत छुओ
एक ऋचा अंकुरित होने को है;
मिट्टी के मुख पर
मातृत्व-सुख का आरम्भ होने जा रहा है
देह के इस ऋतु-पर्व का सम्मान करो।

देखते नहीं
चट्टानें
शताब्दियों के बाद
जब कृपानेत्र खोलती हैं
तब वासुदेव का जन्म होता है।
उस विराट असंगता के बीच
चंचलपत्री का यह जन्म—
क्या किसी अवतरण घटना से कम है ?
दिशाओं पर अर्गलाएँ चढ़ाकर
समुद्रों को अंगवसनों की भाँति समेटे
इस श्यामा को
मैं नहीं जानता कि
यह समिधा है या स्वाहा
अथवा अपने लिए उपनिषद् खोजती कोई मन्त्र-देवता!

जब भी इस भूमा से साक्षात हुआ है
भाषा
अपना व्याकरण
अपना अर्थ,
सब कुछ वृक्षछालों सा उतार देती है
और एक भाषाहीन शान्ति
धूप सी फैल जाती है।
भाषाहीनता का यह कैसा अभिषेक-जल है
जो निरन्तर मेरे चारों ओर झर रहा है;
इस साक्षात् को परिभाषित नहीं किया जा सकता
नहीं किया जा सकता।

सुना है—
पृथिवी की नाभि में कोई वैश्वानर है
और जल
चट्टानों की अँधेरी गुफाओं से रेंगता हुआ
कस्तूरी-पुरुष के उस अमृत की खोज में
आदिकाल से स्तोत्रवत पुकार रहा है।

सुना है—
आकाश में
जहाँ आकाश समाप्त होता है
एक आदित्य-वृक्ष है
जिसमें एक ज्योतिफल लगा है।
वट-पीपल और दूर्वादल वाली
सारी वानस्पतिक ऊर्ध्वताएँ
सनातन से
उस ज्योतिफल के लिए स्वाहा हो रही हैं।

जहाँ ये दोनों अग्नियाँ मिलकर
क्षितिज रचती हैं
वहाँ पर
दक्षिणावर्त शंख जैसी उगी सूर्या को
मैं नहीं जानता कि
यह मृगशिरा है या पुनर्वसु
अथवा ओषधियों के द्वारा की जाने वाली वानस्पतिक वैष्णव-यात्रा।

संकोचवश

प्रत्येक प्रातःकाल
मेरी माधवी में
रक्त-चन्दन सी वैष्णवता फूट आती है
पर संकोचवश
लोगों के सम्मुख
इस वैष्णवता को फूल ही कहता हूँ।

माधवी की डाली में
श्वेत और आरक्त भक्ति के
ये वानस्पतिक, कोमलकान्त पद—
जैसे नगर-संकीर्तन हुए
सुगन्धित मण्डली में
वैष्णव-जन
मेरे द्वार पर भी आ गये हैं।
मैं आकण्ठ कृतार्थ हो उठता हूँ,
शायद कृष्ण भी
इसी भाँति
विदुर-घर उपस्थित हुए होंगे।

क्या है ?
यह अहैतुकी कृपा नहीं तो क्या है ?

लेकिन मुझसे पूर्व ही
धूप और हवाएँ
इस चैतन्य तन्मयता में
वैष्णवी हुई लगती हैं।

अयाचित यह कैसा सुगन्ध-अनुष्ठान
मेरे आँगन में
पृथिवी आयोजित करती है।
मुझ पर
इस टूटे छाजन पर
वैष्णवता ने कैसी यह ब्रजकृपा की है।

मैं इन वर्ण-गन्ध करतालों को
विनम्र हो उठाता हूँ
पर संकोचवश
लोगों के सम्मुख
इन वानस्पतिक भागवत-पृष्ठों को
फूल ही कहता हूँ।

पृथिवी, एक भागवत-कथा है

पृथिवी
दूर्वादल की भाषावाली
एक भागवत-कथा है।
कभी सुनी है
दिन के कथावाचक से यह माधवी-गाथा, कि
वनस्पति-वस्त्रा पृथिवी
एक भागवत-कथा है?

मेघ-स्नाता अरण्यानी को देख
क्या ऐसा नहीं लगता कि
अभिषेक की भाँति
वैष्णवता—
अहोरात्र समस्त भूमा में सम्पन्न हो रही है ?
आकण्ठ वर्षामय हो जाना ही भक्ति है
और
इन भोजपत्रों से श्रेष्ठ कौन वैष्णव है ?

किसी निर्जन पगडण्डी के
निरीह पदचिह्न
क्या उद्धव के लौट जाने का स्मरण नहीं कराते?
प्रति ग्रीष्म में धरा
तापसी श्यामा हो जाती है
और तब

वृक्षों में एक-एक पत्र टाँकते हुए
अनाम वैष्णवता के कृष्ण-नेत्रों की
वानस्पतिक-लीला
आसक्त माधवता—
दूर्वादल की भाषावाली
इस राधा की भागवत-कथा का
यह सबसे अधिक उदात्त गायत्री-प्रसंग है।
कभी सुनी है
दिन के कथावाचक से यह सावित्री-गाथा, कि
वनस्पति-वस्त्रा पृथिवी
एक भागवत-कथा है ?

मैं नहीं जानता कि
इन कुल-शीलत्यक्ता
नदियों की यात्राओं को
कृष्णप्रिया के अतिरिक्त
और क्या नाम दिया जा सकता है?
कैसी ही यात्रा
पृथिवी पर धर्मलेख ही होती है
मनुष्य की, सृष्टि की
वैश्वानरी-गन्ध है।

नदीदेहा गोपिकाएँ
चीर के लिए ही तो
सागर के परम-पुरुष तक जाती हैं।
नारी-देह की
यह वसनहीन आकुल-प्रार्थना
दूर्वादल की भाषावाली
इस संकेतवती की भागवत-कथा का
यह सबसे अधिक समर्पण-सर्वस्व प्रसंग है।

कभी सुनी है
दिन के कथावाचक से यह पुराण-पुरुष की प्रणय-गाथा, कि
वनस्पति-वस्त्रा पृथिवी
एक भागवत-कथा है ?

फूल,
कितने फूल,
फूल ही फूल—
गन्ध का यह रासोत्सव
क्या किसी संकीर्तन से कम है ?
वर्ण का यह मधुपर्व
किस मिथुन के विवाह-संस्कार सा लगता है ?

पाखियों को देखो—
भाषाहीन नाम के माहात्म्य से
आकाश भर रहे हैं
और आकाश
एक वाद्य हो जाता है।
नाम—
जैसे गुलाल का पलाश हो,
जिसे धार कर
जन्म-जन्मान्तर कदम्ब हो जाता है।
कदम्ब—
जहाँ एक मयूरपंख
मुसकराते ओठों में
पतली-सी धूप दबाये
मिथक-पुरुष हो जाता है
दूर्वादल की भाषावाली
इस अस्मिता की भागवत-कथा का
यह सबसे अधिक विराट नासदीय-प्रसंग है।

कभी सुनी है
दिल के कथावाचक से यह वैश्वानर कदम्ब-गाथा कि
वनस्पति-वस्त्रा पृथिवी
एक भागवत-कथा है!

अरण्य-कण्ठों में लटकी
हवा की पखावजें बजाते
किसी गौरांग के पदचिह्न
कभी अपनी वीथी की धूल में खोजे हैं?
कभी सुनी है
तन्मयता को
यह चैतत्य मन्द्रबाँशी
जो कि गहन कान्तारों
पर्वतों, उपत्यकाओं से लेकर
पत्र और फूल में
हमारे प्रतिदिन के प्रत्येक कर्म में
कथागान करती हुई परिक्रमा पर निकली है ?

और तब
एक रथ के आने की आहट होती है।
फव्वारे के जल सा
पाखियों का कोलाहल वृक्षों पर चू पड़ता है।
पूर्णिमा के प्रगाढ़
रससिद्ध आलिंगन को छोड़
पुनः वस्त्र औ वेणियाँ सजाते
गोपियों के चौंके नयनों में
एक आसन्नता
तार सी खिंच उठती है कि
असमाप्त केलि और यह रथ यात्रा !!

विदा नहीं तो और क्या है ?
प्रभु की विदा—
दूर्वादल की भाषावाली
वल्लभा की भागवत-कथा का
यह सबसे अधिक तुलसी-गन्धा युगल-प्रसंग है।
कभी सुनी है
दिन के कथावाचक से यह गोविन्द-गाथा कि
वनस्पति-वस्त्रा-पृथिवी
एक भागवत-कथा है?

प्रार्थना-अभिषेक

मनुष्यो !
समुद्र की जलाधारी वाले
इस पृथिवी-पार्थिव पर
आकाश से
अवतारवर्णी प्रार्थनाओं का अभिषेक हो रहा है।

कभी देखी है
विराट की
इस योगियों वाली अगाधता में
सप्तमातृका जैसी रात्रियों की
शिवा-शान्ति ?
जैसे अपने वत्स को स्तन पान कराती
कोई कपिला खड़ी हो।
इतने विराट आकाश को
केवल शुक्र के डूबने की प्रतीक्षा है—
जो कि
नाटक के अन्तिम पात्र सा
लौटने के उपक्रम में
आकाश की एक मात्र प्रकाश-भाषा का
अन्तिम मन्त्र लग रहा है।
यदि यह अथर्वन आकाश
अंगिरा नहीं है
तो फिर और कौन है मनुष्यो?

और कौन है ?

यह उदय-दिशा ही वेद है,
कभी इन उपारव्यानवती उषाओं को
अपने आकाश में भी आमन्त्रित करके देखो—
ये कथाप्रियी कन्याएँ
कितनी सुगन्ध रम्या हैं।
वह उपनिषद ही है
जिसका प्रकाश-अक्षर
प्रत्येक दिन
आकाशों में गौरिकता से लिखा जाता है।
जिसे वनस्पतियाँ
अपनी वन-गन्धों में
पाखी अपनी प्रातःकालीन उड़ानों में
और पशु
अपनी पीठों पर दिन भर सेंकते हैं।
मनुष्यो!
ये मन्त्र, ये स्तोत्र
मानवीय वृक्षत्व के बिल्वपत्र हैं।
समुद्र की जलाधारी वाले
इस पृथिवी-पार्थिव पर
आकाश से
सिन्दूरवर्णी प्रार्थनाओं के हरशृंगार से अभिषेक हो रहा है।

आकाशगंगा की यज्ञोपवीत
और आकाशों के उत्तरीय वाला
यह कौन है पुरुष?
जो अपने अनागरिक व्यक्तित्व के

रोमहीन वक्षस्थल पर
ब्राह्ममुहूर्त के मेघों के रक्त-त्रिपुण्ड्र
और कपाल पर
समय की भस्म लगाये,
समुद्रों को कमर तक कसे
यम और विष्णु की युति सा
क्षितिज पर
जो रुद्र सा खड़ा है
यह कौन है ?
यह कौन है पुरुष ?
मनुष्यो! इस औषध-पुरुष का पीताम्बर
कैसे यश के
क्रमशः जयकार सा
आकाश के जलों में लहराने लगा है—
जैसे शब्द
क्रमशः अपना अर्थ अभिव्यक्त करते हैं,
जैसे स्त्री
क्रमशः अपनी देह अभिव्यक्त करती है।

भीगे वस्त्र सा पीताम्बर ऊपर आ रहा है।
आकाश के केन्द्र से छिटक कर
पक्षी
दिशाओं में टूटे छितरे पड़ रहे हैं।
यह दिवस की कैसी सुगन्ध है
जो वनस्पतियों से पृथिवी-यात्रा
और पाखियों से आकाश-यात्रा करवा रही है।
यह कैसी वैष्णवता की गुलाल ही गुलाल
आकाश-मन्दिर की भित्तियों पर लिप उठी है,

मनुष्यो! पूजा और क्या होती है ?
सुदूर ग्रहों के आकाशों
और अनन्त लोकों में
गायत्रियों का चरणामृत बाँटता हुआ
यह औषध-पुरुष
मधुमती उषा को वामांग में धारे
घासों की विनम्र धरती तक
अभी नीचे आ जाएगा।
गायत्रियों की
इस दिवस-भस्म
तथा चरणामृत-कृपा के लिए
हम सब—
शून्य भाल हैं
रिक्त चरुपात्र हैं।
मनुष्यो!
समुद्र की जलाधारी वाले
इस पृथिवी-पार्थिव का
आकाश से
अंगराग सी इन प्रार्थना-सुगन्धों से अभिषेक हो रहा है।

साक्षात के लिए

हवाएँ
पीपल पर अपनी प्रार्थनाएँ टाँग
सूर्यास्त का पीछा करते हुए
आकाश के भी आकाश में
गरुड़ों सी चली गयी हैं।

देखना, अभी वे लौटेंगी
क्योंकि पृथिवी ही
सबको अर्थ और सन्दर्भ देती है।
यह पृथिवी ही है
जो शून्य को आकाश की संज्ञा देती है,
यह पृथिवी ही है
जो प्रकाश को धूप की संज्ञा देती है।
केवल हवाओं को लौट आने दो—
ये सारे के सारे वन;
कानन और अरण्य
जो अभी भाषाहीन लग रहे हैं
आकण्ठ प्रार्थनामय हो जाएँगे।
सारी सृष्टि
सन्ध्याकालीन प्रार्थना-पुस्तक सी पवित्र हो जाएगी।
एक-एक पत्र
संकीर्तन करता हुआ वैष्णव लगेगा।
केवल हवाओं को लौट आने दो—

यही पीपल
पत्र-प्रार्थनाएँ करता हुआ चैतन्य लगेगा,.
सारी वनस्पतियाँ
माधव-गान करती हुईं
प्रभु के वन-विहार के अनुष्ठान सी लगेंगी।
महाभाव और क्या है ??
प्रार्थना का
सुगन्धोत्सव के रूप में जन्म ही महाभाव है।
केवल हवाओं को लौट आने दो—
अरण्यों में जो मन्त्रों के वाद्य
 श्लोकों के वस्त्र
और प्रार्थना की वंशियाँ
हवाएँ टाँग गयी हैं
देखना
सायंकालीन इस आकाश के गुलाल मन्दिर में
संकीर्तन का कैसा रासोत्सव होता है।

हवाएँ—
पीपल पर अपनी प्रार्थनाएँ टाँग
सूर्यास्त का पीछा करते हुए
आकाश के भी आकाश में
गरुड़ों सी जो चली गयी हैं
केवल उन्हें लौट आने दो,
क्या इस वैष्णवता से साक्षात के लिए
तुम हवाओं के लौट आने की
प्रतीक्षा भी नहीं कर सकते ?

इतिहास और प्रार्थना

इतिहास किसी भाषा का नाम नहीं
और न ही
किसी उदात्त मानवीय सम्बन्ध का नाम,
वह तो शक्ति के लिए किया गया
नितान्त अमानुषी रक्त-स्नान है।
प्रार्थना
हाँ प्रार्थना ही तो है
जो न केवल एकान्त की
बल्कि सम्पूर्ण स्वत्व की
ऋषभ गान्धार वाली पीपल-भाषा है।
समर्पण का एक ऐसा विचार
जैसा कि कोई फूल होता है।
फूल, वनस्पति की स्वाहावाणी है
और प्रार्थना, मनुष्य की।
इसीलिए
प्रतिइतिहास हो जाने का नाम नहीं
बल्कि इतिहास से सर्वथा उदासीन होकर
वनस्पति हो जाने का नाम ही प्रार्थना है।
आक्षितिज
इतिहास के सम्मुख झुके
इन विवश मस्तकों में
और प्रार्थना में विनत
अकेले इस अश्वत्थ-माथ में
क्या कोई अन्तर नहीं है ?

मनुष्यता के समूह कर दिये जाने में
और व्यक्तित्व के अकेले हो उठने में
क्या आग्रहों का अन्तर नहीं है ?
किसी दिन
प्रार्थना में झुका कर देखना अपना भी माथ, कि
न केवल अकेलापन ही
बल्कि समकालीनता से अपांक्तेय होना क्या होता है।
रक्त-स्नान से कहीं अधिक दुर्वह है
प्रार्थना का यह अग्नि-अभिषेक।
नारे के हथगोले को फेंकने से कहीं अधिक दुष्कर है
किसी को प्रार्थना का फूल सौंपना।
यह प्रार्थना का ही गुण है कि
वह अपने देह से
अपना स्वत्व तक
वृक्षछाल सा उतार कर
किसी को भी दे सकती है,
जब कि देने के नहीं,
अपहरण के व्याकरण का नाम इतिहास है।
इसीलिए
प्रतिइतिहास हो जाने का नाम नहीं
बल्कि इतिहास से सर्वथा अनासक्त होकर
निर्भय हो जाने का नाम ही प्रार्थना है।

जब समुद्र
उड़ने के लिए आकुल होता है
तब प्रतिआकाश नहीं
मेघ बनना होता है,
जब सूर्य
पृथिवी के लिए विह्वल होता है
तब प्रतिपृथिवी नहीं
धूप बनना होता है,

जब पर्वत
यात्रा के लिए आतुर होता है
तब प्रतियात्रा नहीं
नदी बनना होता है।
ये मेघ
ये धूप और
ये नदियाँ इतिहास हैं ?
नहीं, प्रार्थनाएँ हैं।
इतिहास का उत्तर प्रतिइतिहास कभी नहीं होता
क्योंकि दोनों ही एक-दूसरे की तराश हैं।
एक प्रश्न है
तो दूसरा केवल प्रतिप्रश्न है
उत्तर भी नहीं।
इतिहास सब कुछ सहन कर सकता है
अपने उत्तर को भी
परन्तु अनुत्तर को नहीं,
और अनुत्तरा तो केवल प्रार्थना है।
इसीलिए
प्रतिइतिहास हो जाने का नाम नहीं
बल्कि इतिहास के सर्वथा समानान्तर होकर
विनम्र रचना हो जाने का नाम ही प्रार्थना है।

नारों की शबर-भाषा वाला
इतिहास
जुलूस प्रिय होता है।
दे क्यों नहीं देते इसे
यह राजमार्ग
और सूर्योदय से सूर्यास्त तक की
यह समस्त मेदिनी?
देखते नहीं

इतिहास की बर्बर-जयकारों को सुनकर
सारे पशु-पक्षी भाग रहे हैं
बस्तियाँ तक वीरान हो गयी हैं,
और लोग?
क्या कहीं हैं??
जानते क्यों नहीं कि
आग और इतिहास की जययात्राएँ
ऐसे ही गुजरा करती हैं।
यह कोई प्रार्थना नहीं कि
जिसे दूर्वा भी
निश्चिन्त,धूप की बाँशी सा बजाए।
इसीलिए
प्रतिइतिहास हो जाने का नाम नहीं
बल्कि इतिहास के कोलाहलों से सर्वथा पृथक होकर
मानवीय विश्वास हो जाने का नाम ही प्रार्थना है।

प्रार्थना के लिए नहीं
राजाज्ञाओं के लिए शिलालेख होते हैं।
प्रार्थना तो विनय-पत्रिका है
जो अनाम से अनाम व्यक्ति
और घर के भोजपत्र पर
मन्त्रों सी अंकित हो जाती है।
आज्ञा तो दूर
प्रार्थना, सम्बोधन भी नहीं करती,
वह तो मात्र प्रस्तुत होना जानती है
जैसे कि नदी, नक्षत्र।
इतिहास कभी नहीं समझ पाएगा कि
यह सृष्टि
किसी का आदेश नहीं, प्रस्तुति है।
इतिहास के अग्निवन में खिले

इस प्रार्थना-फूल के पास से गुजर जाने वाले व्यक्ति के
दुकूल को भी
प्रार्थना
अपनी माधवी सुगन्ध का धर्म ही सौंपती है।
इसीलिए
प्रतिइतिहास हो जाने का नाम नहीं
बल्कि इतिहास के शिलालेखों से सर्वथा वंचित होकर
जीर्ण पोथियों और उपेक्षितों के
नेत्रों की भाषा हो जाने का नाम ही प्रार्थना है।

शब्द-फूल

मेरी भाषा
मेरे शब्द और
मेरी रचना—
इन्हें मैं समय को वैसे ही दे देना चाहता हूँ
जैसे कि वृक्ष
फूलों को अनाम दे देते हैं।
क्या कोई उदारचरित-वृक्ष ऐसा नहीं है
जो मेरी भाषा
मेरे शब्द और
मेरी रचना को
फूलों की प्रार्थनात्मक सार्थकता प्रदान कर सके?
मैं अपात्र हो सकता हूँ
पर मेरी रचना के ये सुगन्ध-छन्द
क्या किसी दिन
शब्द-फूल नहीं बनेंगे ?
अपनी इस विराट वानस्पतिक पाण्डुलिपि में
कहीं भी
केवल एक पंक्ति का ही स्थान दे दो,
न सही मन्त्र
इन्हें शब्द-फूल की ही स्तोत्र-गरिमा दे दो।

मानवीय सुगन्ध

फूल की नहीं
मनुष्य में प्रार्थना की सुगन्ध होती है।
प्रत्येक हवा के साथ
जब हमारे स्वत्त्व का चन्दन-वृक्ष
पीपल-पत्रों सा प्रार्थनामय हो जाता है
तब कोई और नहीं
यह मानवीय स्वत्व ही कल्पतरु होता है,
मनुष्यो! मानवीय स्वत्व ही कल्पतरु है।

असंख्य कुल-गोत्रों
शाखा-प्रशाखाओं वाले
इस संसार-वृक्ष की सुगन्ध
किसी भी अक्षांश और देशान्तर पर
प्रार्थना-पदों तथा काव्य-श्लोकों में मिल जाएगी।
और क्या है ?
इस मानवीय-सुगन्ध से बड़ा उत्सव और क्या है ?
संसार-वृक्ष का यह कृष्ण-वैराट्य
वह कोई और नहीं
मानवीय भाषा द्वारा किया गया
उदात्त सम्बोधन ही अश्वत्थ होता है,
मनुष्यो! मानवीय भाषा का उदात्त सम्बोधन ही
अश्वत्थ है।

शिव के विशाल वक्षस्थल पर उगे

इस वनस्पति-पुरुष के लिए
न कोई पंक्ति-पावन है
और न कोई अपांक्तेय।
मनुष्य मात्र
इस महासंकीर्तन की प्रार्थना-पंक्तियाँ हैं।
कृष्णगन्धा तुलसी जिसकी कण्ठी है
और त्रिपत्री बिल्वपत्र जिसकी आग्नेय-दृष्टि
वह कोई और नहीं
यह मानवीय महाभाव द्वारा किया गया रास ही कदम्ब होता है,
मनुष्यो! मानवीय महाभाव का रास ही
कदम्ब है।

उपनिषदों की वल्कल वाली
इस गायत्री के हिमांक से
उपाख्यानों की भाँति
वाक्देवियाँ पृथ्वी पर उतर रही हैं।
वह कोई और नहीं
यह मानवीय अस्मिता की गायत्री का सावित्री-वृक्ष है
जो हमारे नाम-संकीर्तन के वृन्दावन में पुष्पित होता है,
मनुष्यो ! नाम-संकीर्तन के वृन्दावन में
सावित्री-वृक्ष ही पुष्पित है।

फूल, वनस्पति-पुरुष

धूप में
यह अनुष्टुप सा कौन खड़ा है?
यह वनस्पति पुरुष
क्या केवल फूल ही है?

फूल ही नहीं
वनस्पति मात्र की भाषा
उसका वर्ण है,
और वन
इसी वर्ण-भाषा में लिखा गया उपाख्यान है।
फूल ही नहीं
किसी के भी पाटलों का स्पर्श
अँगुलियों से अधिक
हममें देर तक क्यों बजता रहता है ?
कुश की पवित्रा धारण करने पर
क्यों हम एक उपनिषद् हो जाते हैं ?
हमारा ही नहीं
वन का भी एक व्यक्तित्व है
वन की भी एक गन्ध है
जिसे पृथिवी-सूक्त कहा गया है।
समस्त पृथिवी में एक मन्त्र-गन्ध है
जिसे फूल ने

सुगन्ध कह कर धारण कर रखा है।

धूप में
यह अनुष्टुप सा खड़ा
फूल नहीं
सावित्री-सिद्ध एक ऋषि है
जो सूर्य की प्रशंसा में
सुगन्ध के मन्त्रों का साक्षात कर रहा है।

प्रार्थना-पुरुष

तुम नहीं जानते, कि
एक कवच है
एक प्रार्थना है
एक मन्त्र है—
जो तुम्हें सम्पूर्ण आवेष्टित किये हुए है
जो तुम्हें निष्णात सुगन्धित किये हुए है
जो तुम्हें ईश्वरत्व की ओर लिये जा रहा है।

कवच की इस अभेद्यता
प्रार्थना की इस अनुग्रहता
मन्त्र की इस शक्तिमत्ता को
कभी अपने में अनुभव किया है?
प्रतिदिन के इस नित्य रास का भी साक्षात नहीं किया होगा—
घास की अनाम से अनाम पत्ती को छूकर देखा है?
क्या वह स्पर्श
चरण-स्पर्श सा नहीं लगता?
धूप में छन्द लिखती सी उड़ती चिड़िया
याद करो किसके प्रसन्न नेत्रों सी लगती है?
केले के पत्ते पर गिरी हुई बूँद
पंचामृत का स्मरण कराती है या नहीं?

किसी दिन
अपने में एक प्रार्थना को जन्म देकर देखो
लगेगा कि
तुम एक राजसूय-यज्ञ सम्पन्न कर रहे हो

और सम्पूर्ण सृष्टि उपहार लिये उपस्थित है।
जिस दिन
तुम्हें पृथ्वी पर प्रार्थना चलना आ जाएगा—
उस दिन तुम मन्त्र
मन्त्र ही नहीं मन्त्र-देवता
मन्त्र-देवता ही नहीं मन्त्र-पुरुष हो जाओगे।

प्रभु बन सकने की
तुम्हारी इस क्षमता के लिए ही तो
वनस्पति ने विनम्र दूर्वा बनना स्वीकार किया हुआ है,
समुद्र
पृथिवी के यज्ञोपवीत की भाँति
गंगा बनकर प्रवाहित है,
स्थान
तीर्थ बनकर पृथिवी पर फैले हुए हैं
और भाषा
स्वाहा में अपने को अभिमन्त्रित किये हुए है।
अहोरात्र
एक शक्तिपात
तुम्हारी देह और मन पर हो रहा है,
प्रतीक्षा है
इस पृथिवी को
तुम्हारे प्रार्थना-पुरुष बनकर चलने की प्रतीक्षा है।

गायत्री-फूल

वृक्ष जब प्रार्थना करता है
तब एक फूल का जन्म होता है,
तभी तो वृक्ष की गायत्री को
फूल कहा जाता है।

मैं जब भी तुम्हारा नाम
सम्पूर्ण भी नहीं
मात्र नाम
बाँशी में बजाता होता हूँ, कि
लगता है—
विजन में एक फूल बज रहा है,
अभी-अभी
हिमालय में एक नदी का जन्म हुआ है
और यह स्वर !!
जल के पृथिवी पर प्रथम बार चलने का है
अथवा, एक नक्षत्र
आकाश के किसी नितान्त एकान्त में
गुनगुनाते हुए अपना प्रसाधन कर रहा है।
मैं जब भी तुम्हारा नाम
बाँशी में बजाता होता हूँ, कि
समस्त वायुमण्डल
स्वरों से ही नहीं
सुगन्ध से भी भर उठता है।
यह नाम-सुगन्ध
मुझे ही नहीं सृष्टि मात्र को

आकण्ठ चन्दन, कदम्ब और केवड़ा बना जाती है।

मनुष्य पर जब भी
भाषा
यह अहैतुकी-कृपा करती है
उसका गायत्री के अतिरिक्त और क्या नाम हो सकता है ?
भाषा का यह गायत्री-फूल
हमारे व्यक्तित्व के प्रार्थना-भोजपत्र का
एक मात्र फूल है।

उत्सव-नक्षत्र

कहाँ है ?
अन्यत्र कहाँ है ??
इस पृथिवी से बड़ा उत्सव-नक्षत्र और कहाँ है???

गायत्री वर्ण वाली उज्ज्वल दिशाओं के, वेद
ओषधियों के आगार-अरण्यों के, उपनिषद
ऊर्ध्व-रेतस वाले पर्वतों के, शतपथ ब्राह्मण
सर्वगम्या, सर्वसुलभा नदियों की, संहिताएँ
एकाग्रमनस ब्रह्मचारियों जैसे प्रपातों के, स्तोत्र
सामयिक चारणों जैसी मेघों की, स्तुतियाँ
श्वेत-केश वाले संन्यासी-समय के, पुराण
हस्तामलकवत निद्राजयी समुद्रों के, भाष्य
और हरीद्र दूर्वांकुरों जैसी आकुल, मानवीय प्रार्थनाएँ
तथा
जिसे अनन्त काल से
सूर्य के जलों
चन्द्रमा के अमृत
और ग्रहों-नक्षत्रों के हिरण्य-पात्र अभिषेकित कर रहे हैं,
जिसे घटनाओं और कथानकों के वस्त्र धारण कराते हुए
काल का कृष्ण-द्वैपायन
स्वयं एक चरित्र बन जाता है—
उस पृथिवी-पार्थिव से बड़ा उत्सव-नक्षत्र और कहाँ है??

अन्यत्र कहाँ है ?
आदित्य की इस धर्म-पत्नी पृथिवी से बड़ा
उत्सव-नक्षत्र और कहाँ है??
कहाँ है?? कहाँ है ???

❀

लीला-भाव

यह कैसा है लीला-भाव, कि—
अग्नि ही अग्नि में
अग्नि का होम कर रही है
और अग्नि ही स्वाहा भी हो रही है;

यह कैसा लीला-भाव है ?
यह किसका लीला-भाव है ?

हमारी आयु के ये वस्त्र
ये विभिन्न वर्णमालाएँ
ये विनम्र वनस्पतियाँ
ये कामातुर नदियाँ—
हमारे जीवन की
भाषाओं की
पृथिवी की
और पदहीन पदार्थों की स्वाहा-यात्राएँ ही तो हैं।
आकाशों के भी आकाश की वेदी पर रखे
सृष्टि के इस हवन-कुण्ड में
यह कौन पंचानन
अहोरात्र आवाहन कर रहा है ?
और प्रत्येक क्षण
अनन्त आयामी समय की समिधाएँ डाली जा रही हैं।
जो समस्त जलों का आचमन कर रहा है

जिसने प्रकाश का त्रिपुण्ड्र लगा रखा है
जो आकाश पर पैर रख कर
हवाओं को ब्रह्माण्ड में सुखा रहा है
और जो ध्वनियों को टिटकारता हुआ
गायों के झुण्ड सा
दिशाओं के बाड़े से बाहर
ब्रह्माण्ड के भी ब्रह्माण्ड में ले जा रहा है
उस अग्निकेशिन धूर्जटी का यह कैसा लीला-भाव है ?
यह किसका लीला-भाव है ?

अज जिसका वाहन है
वह वैश्वानर—
विभिन्न ब्रह्माण्डों की देवगंगाओं को
उनके-उनके आकाशों
तथा देश और काल में
अपने केशों की भाँति अवस्थित कर रहा है।
पुराकथाओं के बाघम्बर लपेटे
वह आग्नेयनेत्री
रुद्र—
सूर्यों पर लेटा हुआ
संहार का धूम पी रहा है
और सृष्टि का प्रकाश उगल रहा है।
यह कैसा महाश्मशान का स्वर्गोत्सव है !
शक्ति के महाशव सदाशिव का यह कैसा लीला-भाव है?
यह किसका लीला-भाव है ?

कौन है वह
जो महाकाल की अलगनी पर
ग्रहों-नक्षत्रों को राशियों की
और अंकों की आकृतियाँ प्रदान कर रहा है।
क्षणों के चीनांशुकों
और संवत्सरों के अभिषेकपट्टों वाले इतिहासों को
पौराणिक बुनावट में बुनकर
नये आकाशों के निर्माण में फैलाता जा रहा है
फैलाता ही जा रहा है।
पूरे आकाश में
एक मन्त्र
जिसे वह तारों के अक्षरों में
लिखता है, मिटाता है
फिर लिखता है, फिर मिटाता है।
वह मान्त्रिक—
वह भाषा-कापालिक
जो अपना ही उच्चारण भी है और अर्थ भी,
वर्णमाला के बिल्वपत्र स्वयं पर ही चढ़ा रहा है।
वह वेद पुरुष—
उन मन्त्रों का दृष्टा भी है
संहिता भी है
और अस्वीकृति का वेदान्त भी;
भाषा-पुरुष के इस अस्वीकार का यह कैसा लीला-भाव है ?
यह किसका लीला-भाव है ?

जिसका धर्म-वृषभ

अपने चारों पैरों से
दिशाओं पर खड़ा हुङ्कार रहा है,
जो मन्त्रों का श्रोता नहीं
हविष्य का भोक्ता है,
जो यज्ञ ही नहीं
यज्ञ-यूप का बलि-पशु भी है,
जो काल को भी
उसके तृतीय आयाम में देखता है,
वही पुरुष है
जो प्रकृति को भस्मवत धारे हुए है;
वह पशुपति—
समुद्रों को आकाश में ले जाकर
कृत्या सा उठाकर
पृथ्वी पर फींच रहा है
और जो धरती को
उसके वनस्पति-केशों से पकड़ कर
सती के शव की भाँति कंधे पर उठाये
आकाश
और आकाश
और और आकाश में
वैराग्य से उद्दीप्त
कहाँ और क्यों यात्रा कर रहा है
यह कौन जानता है, कि—
यह व्योमकेश
ग्रहों-नक्षत्रों के पत्थरों पर पैर रखता हुआ
कहाँ और क्यों यात्रा कर रहा है?

कोई नहीं जानता कि
आशुतोष के इस आनन्द का
महाकाल की इस यायावरी का यह कैसा लीला-भाव है?
यह किसका लीला-भाव है?

वैष्णव-चिड़िया

माथे पर गोपीचन्दन का तिलक
और देह पर
सरसों के पीले दानों की बूँटियों वाली
यह कौन कृष्णा वैष्णव-चिड़िया है
जो मकई के भुट्टों
और माधवी-लता पर
प्रतिदिन धूप सी आकर बैठ जाती है?

भुट्टों तथा माधवी के गुच्छ फूलों से
यह कृष्णा
अपनी पाखी-भाषा में
न जाने क्या-क्या
फुदकते हुए
झूम-झूमकर बोलती रहती है।
मकई के भुट्टे
और उसके लम्बे धारदार पत्ते
तथा माधवी के श्वेत-आरक्त फूल
कैसे प्रसन्न मन से
उसके बैठने के कारण हिलते हुए से
इस कृष्णा की रास कथा सुनते रहते हैं।

हवा का तब एक तेज झोंका आता है
कि वह गोपीचन्दन के तिलक वाली

कृष्णा वैष्णव-चिड़िया—
गिरने-गिरने को हो जाती है
और पंख फड़फड़ा कर
एक चित्र
एक दृश्य बनाते हुए
वह न जाने कहाँ मुँडेरों के ऊपर तैर कर
खजूर और आम पर
गोफन के पत्थर सी उछलती सी
आकाश में उड़ जाती है
और खो जाती है।

मकई के इन भुट्टों
और माधवी के गुच्छ-फूलों से
मैं यह जानने को कितना आकुल हो उठता हूँ, कि
इस अनाम
असंज्ञ गोपीचन्दन के तिलक वाली
कृष्णा वैष्णव चिड़िया को वे कब से जानते हैं?
क्या नाम है इसका?
कुछ तो कुल-गोत्र होगा ही
और वह चहक-चहक कर
नित्य क्या सुनाती है ?
अवश्य ही चौरासी-वैष्णवन की वार्ता तो नहीं ही।

पर मैं
अपने समस्त ज्ञान के बाद भी
न मकई के भुट्टों
न माधवी के गुच्छ-फूलों
और न उस कृष्णा वैष्णव-चिड़िया
किसी की भी तो भाषा
कुल-गोत्रता नहीं जानता हूँ।

मैं एक उपेक्षा अनुभव करता हूँ, कि
अपने चारों ओर
सानिन्ध्य-भाव से सम्पन्न होने वाले
इस नित्य-उत्सव की भाषा
और भागवत-कथा के रस से वंचित हूँ।

मेरे मनुष्य होने की
यह कैसी सीमा है कि
मैं इस विराट अनुष्ठान में कभी आमन्त्रित न हो सकूँगा
कभी नहीं।

यज्ञो यज्ञेन कल्पताम

यह कैसा है यज्ञ
जहाँ यज्ञ भी यज्ञ को ही समर्पित है—
यज्ञो यज्ञेन कल्पताम।

समय
एक काल-यज्ञ सम्पन्न कर रहा है
जिसमें आयु मात्र की हवि दी जा रही है।
पृथिवी
एक वानस्पतिक-यज्ञ सम्पन्न कर रही है
जिसमें ऋतु मात्र की हवि दी जा रही है।
समुद्र
एक पर्जन्य-यज्ञ सम्पन्न कर रहा है
जिसमें जल मात्र की हवि दी जा रही है।
सूर्य
एक सावित्री-यज्ञ सम्पन्न कर रहा है
जिसमें अन्धकार मात्र की हवि दी जा रही है।
चन्द्र
एक सोम-यज्ञ सम्पन्न कर रहा है
जिसमें औषध मात्र की हवि दी जा रही है।
मनुष्य
एक विचार-यज्ञ सम्पन्न कर रहा है
जिसमें तत्व मात्र की हवि दी जा रही है।

ये सारे यज्ञ
एक अस्ति-यज्ञ सम्पन्न कर रहे हैं
जिसमें नेति मात्र की हवि दी जा रही है।

जो कुछ है
वह यज्ञ है,
ब्रह्माण्ड जिसके बाघम्बर हैं
उस यज्ञ-पुरुष का यज्ञ ही
यज्ञ का यज्ञ है—

यज्ञो यज्ञेन कल्पताम।

उत्सव-उपनिषद्

नित्य एक उपनिषद् लिखा जा रहा है
जो आरण्यक होते हुए भी
आख्यान नहीं है
जो शतपथ होते हुए भी
ब्राह्मण नहीं है
परन्तु, आक्षण एक उपनिषद् लिखा जा रहा है।

जब कभी
किसी एकान्त उपत्यका से गुजरते हुए
किसी उपेक्षित गिरे चीड़फूल में
एक भाषा का अनुभव हो
तो निश्चय ही
वह वृक्षोपनिषद् का कभी मन्त्र था
जो हवा की भूल से
नीचे गिर कर अपनी मन्त्रात्मकता खो चुका है।
परन्तु, पृथिवी पर गिरा हुआ कोई मन्त्र
कभी अपनी शक्ति
सुगन्ध या प्रयोजन नहीं खोता
क्योंकि पृथिवी कभी अपवित्र नहीं होती।
वह गिरा हुआ चीड़फूल
अपने को ही नहीं
सम्पूर्णता को भी सुगन्धित किये हुए है।
मन्त्र—

स्वरूप का नहीं धर्ममात्र का नाम है;
इसीलिए पूर्णता मात्र में एक उपनिषद् लिखा जा रहा है
नित्य एक उपनिषद् लिखा जा रहा है।

धरती के कैसे ही वक्षस्थल पर
कभी भी कान लगाकर सुनो—
एक उत्सव-वीणा बजती सुनायी देगी।
चलना, वह किसी का भी हो
इस वादन में एक मीड़
एक गमक
एक झाला उत्पन्न करता है।
इस पृथिवी को
जिन्होंने एक वाद्य को गरिमा दी—
चरागाहों में गलघंटियाँ बजाते, वे पशु
खेतों में धान्य के स्तोत्र लिखते, वे लोग
गायों के झुण्ड सी पर्वत उतरती, वे नदियाँ
पृथिवी के उत्तरीय सी, वे वनस्पतियाँ
इस गान्धर्व-उपनिषद् के दृष्टान्त नहीं तो और क्या हैं ?
इसीलिए गति मात्र में एक उपनिषद् लिखा जा रहा है
नित्य एक उपनिषद् लिखा जा रहा है।

हम पर से ही नहीं
पृथिवी पर से ही नहीं
समय—
स्वयं पर से भी बीतते हुए वृद्ध हो रहा है।
परन्तु समय—
काल
महाकाल सब कुछ होते जाने पर भी
कभी वृद्ध नहीं होगा,
जिस प्रकार कि
न जाने किस हिमयुग का जल होने पर भी

समुद्र-जल कभी बासी नहीं होगा।
कभी मिट्टी को उदास देखा है ?
वह प्रत्येक क्षण
ऋतु-स्नान किये स्त्री सी प्रस्तुत रहती है।
किस भाषा में
हमें यह दिन
प्रत्येक प्रातःकाल लिखा मिलता है ?
क्या यह वैसी ही आत्मीयता नहीं है
जैसे कि मनुष्य मात्र
एक पढ़ा हुआ आत्मीय प्रसंग लगता है ?
यह सर्वात्म-भाव
यह सारी सृष्टि
एक विचार-उपनिषद् ही तो है
जिसकी हम सब जिज्ञासाएँ हैं;
इसीलिए जिज्ञासा मात्र का एक उपनिषद् लिखा जा रहा है
नित्य एक उपनिषद् लिखा रहा है—
जो उत्सव-उपनिषद् है।

अभिषेक पुरुष

होने दो अभिषेक !!
केलवर्ण के इस विश्वात्मन का होने दो अभिषेक !!

इसके इस भोजपत्री व्यक्तित्व में
जीवमात्र का दुःख आलेखित है।
यह अभिषेक-पुरुष—
सृष्टि की उत्सव-भाषा है।
मल दो इस वैश्वानर के मुख पर
गुलाल,
पहना दो इसे समस्त राग-रागिनियाँ
नदियों के यज्ञोपवीत,
दाक्षिणात्य हवाओं के चन्दनगन्धी पीताम्बर
ताकि यह सूर्य लगे।
एक दिन
मनुष्य मात्र को सूर्य होना है;
और सूर्य होना ही ईश्वर होना है।
होने दो अभिषेक !!
मनुष्य मात्र का होने दो अभिषेक !!
तेजस्वी, सूर्य होता है,
और प्रत्येक सूर्य को—
एक आकाश
एक क्षितिज
और यात्रा के लिए
ब्रह्माण्ड से लेकर एकान्त दूर्वा तक का वैराट्य चाहिए

क्योंकि वह आकाशगंगाओं को—
मानवीय नेत्रों के जल की ही नहीं
वनस्पति मात्र की
प्राणि मात्र के स्वेद और अश्रु की
भाषा का अनुवाद सुनाता है।
कितनी प्रतीक्षा है,
तुम्हारे सूर्य बन सकने की
मनुष्य मात्र के सूर्य बन सकने की—
किसे प्रतीक्षा नहीं है ?
इतिहास के वाचाल कापालिक से लेकर
स्तन पान कराती भाषावंचिता कपिला तक को।
तुम्हारे
मनुष्य मात्र के अभिषेक-पुरुष बन जाने की
केवल प्रतीक्षा ही तो रही है
होने दो अभिषेक !!
मनुष्य मात्र का होने दो अभिषेक !!

प्रलय, अन्धकार, शताब्दियाँ
न जाने क्या-क्या कन्धों पर उठाये
इस पृथिवी ने
ब्रह्माण्ड का अकेलापन
हिमयुगों की उजाड़ ठण्ढकता
लावाओं के खौलते आदिम-प्रवाह
पागलों, बर्बरों के इतिहास-खड्गों के वार
सभ्यताओं के स्मशानों में रोती हुई मानवता
जले पुस्तकालयों के झुलसे विचारों के साथ-साथ
प्रत्येक व्यक्ति के दुःख-शोक का भी वहन किया है।
जरा वनस्पतियाँ हटाकर देखो—
वह पृथिवी झुलसी हुई मिलेगी

परन्तु फिर भी
यह विश्वास कभी नहीं खण्डित होने दिया, कि—

एक दिन मनुष्य सूर्य बनेगा
क्योंकि वह आकाश में पृथिवी का
और पृथिवी पर आकाश का प्रतिनिधि होगा।
मनुष्य के इस देवत्व के माध्यम से ही
यह सम्पूर्ण सृष्टि ईश्वरत्व प्राप्त करेगी।
मनुष्य का अभिषेक
देवत्व का ही नहीं ईश्वरत्व का भी अभिषेक है।
इसीलिए होने दो अभिषेक !!
मनुष्य मात्र का होने दो अभिषेक !!